Rudolf Genée

Die Entwickelung des szenischen Theaters und die Bühnenreform in München

Rudolf Genée

Die Entwickelung des szenischen Theaters und die Bühnenreform in München

ISBN/EAN: 9783744671309

Hergestellt in Europa, USA, Kanada, Australien, Japan

Cover: Foto ©ninafisch / pixelio.de

Weitere Bücher finden Sie auf **www.hansebooks.com**

Die Entwickelung des Scenischen Theaters und die Bühnenreform in München.

Von Rudolph Genée.

Mit erläuternden Illustrationen.

Stuttgart 1889.
Verlag der J. G. Cotta'schen Buchhandlung
Nachfolger.

Alle Rechte,
insonderheit das Recht der Uebersetzung, behält sich
die Verlagshandlung vor.

Druck von Gebrüder Kröner in Stuttgart.

Vorwort.

Den Hauptinhalt dieser Schrift bilden zwei Abhandlungen, welche ich in verschiedenen Artikeln der „Allgemeinen Zeitung" (im Juni 1887 und im Mai 1889) veröffentlicht hatte. Die früheren Artikel waren es, welche die Generalintendanz des Königl. Hoftheaters in München zu dem Unternehmen einer neuen Bühneneinrichtung für die Dramen Shakespeares angeregt hatten. Während der Generalintendant Freiherr v. Perfall in seinem Cirkular, welches das Unternehmen ankündigte, die im Jahre 1887 erschienenen Artikel: „Die Natürlichkeit und die historische Treue in den theatralischen Vorstellungen" nur auszüglich mitteilen konnte, sind dieselben hier, mit nur wenigen redaktionellen Veränderungen, vollständig wiedergegeben. Die später erschienenen Artikel „Die Entwickelung des scenischen Theaters" stehen gleichfalls in innerem Zusammenhang mit dem Münchener Theaterereignis, und da sie die historische Grundlage für das Verständnis des Münchener Unternehmens geben sollen, lasse ich dieselben, mit einigen Ergänzungen, den früher erschienenen Artikeln vorangehen und füge schließlich einige Betrachtungen über die künstlerische That des Münchener Hoftheaters selbst hinzu. Die beigefügten

Illustrationen haben einzig den Zweck einer Erläuterung des Textes. Ich darf wohl hoffen, daß allen denen, welche in der Münchener Bühnenreform den künstlerischen Ernst und die Wichtigkeit der dieselbe bestimmenden Grundsätze anerkennen, auch dieser Schrift einige Aufmerksamkeit schenken werden.

Berlin, im Juni 1889.

Dr. Rudolph Genée.

Inhalt.

	Seite
Die Entwickelung des scenischen Theaters	7
Die Natürlichkeit und die historische Treue in den theatralischen Vorstellungen	56
Die Münchener Bühnenreform	79

Die Entwickelung des scenischen Theaters.

Die dramatischen Dichtungen aller Zeiten, sofern solche überhaupt für die Darstellung bestimmt waren, haben stets in unlösbarem Zusammenhang mit den Bühneneinrichtungen ihrer Zeit gestanden. So war es bei dem Schauspiel der Römer und Griechen und so war es bei den Mysterien und Passionsspielen des christlichen Mittelalters; so war es in der Glanzepoche des englischen Dramas der Shakespeareschen Zeit, und so verhält es sich mit der neueren dramatischen Dichtung. Die ganze Struktur der Schauspieldichtung, ihre dramatische Komposition und theatralische Form, geht naturgemäß aus der Vorstellung von der Beschaffenheit des Theaters hervor, welches der Dichter vor Augen hat. Es ist daher nicht allein notwendig, zur Beurteilung der dramatischen Dichtungen verschiedener Zeiten die Bühneneinrichtungen kennen zu lernen, aus denen sie entsprossen sind, sondern die Betrachtung der allmählichen Entwickelung unseres scenischen Theaters wird uns auch zu interessanten Aufschlüssen darüber führen, was wir innerhalb eines langen Zeitraumes und durch die fortgesetzten scenischen Veränderungen gewonnen und was wir von früheren zweckmäßigen Einrichtungen allmählich eingebüßt haben.

Wir wollen zwar hierbei hauptsächlich die Verhältnisse des **deutschen** Theaters in Betracht ziehen, aber wir werden dabei doch auch genötigt sein, auf die scenische Beschaffenheit und deren Entwickelung bei anderen Völkern die Blicke zu richten, sofern bei uns deutlich erkennbare Einflüsse von außen her sich geltend machten. Und dies geschah ganz besonders — zu verschiedenen Zeiten und nach ganz verschiedenen Richtungen hin — durch die englische und durch die italienische Bühne.

Das Theater der Griechen und Römer liegt außerhalb des Zweckes unserer Darstellung. Als bei uns im Mittelalter mit den öffentlichen religiös-theatralischen Spielen das eigentliche christliche Volkstheater sich zu entwickeln begann, war von der antiken Scene keine Spur auf dasselbe übergegangen. Der Bruch mit der heidnischen Vorzeit war ein so starker, daß auch das Theater der mittelalterlichen Passionsspiele zunächst ganz selbständig aus der christlichen Kirche hervorging und erst eine neue Kindheit wieder durchzumachen hatte, ehe es zu künstlerischen Formen sich herausbilden konnte. Erst in späterer Zeit konnten gewisse Grundsätze der antiken Bühne auch in der Geschichte des neueren Theaters vorübergehend wieder zur Geltung kommen, wenn auch sehr verhüllt, weil unter wesentlich anderen Bedingungen. Die Grundlinie des antiken Theaters war bekanntlich der Zirkel, dessen größere Hälfte von den Sitzreihen der Zuschauer umschlossen war. Die Scene selbst, d. h. der hintere und erhöhte Spielraum, war breit, hatte aber nur geringe Tiefe, weil immer nur sehr wenige Personen darauf zu agieren hatten, für deren Ein- und Ausgänge der Tempelbau des Hintergrundes drei Thüren hatte.

Weil der Chor des antiken Dramas von großer Bedeutung war, wurde ihm auch der weite Raum der Orchestra über= lassen, welcher fast den ganzen Zirkel des mittleren Raumes ausfüllte, mit Ausnahme jenes Abschnittes, welcher die erhöhte Scene bildete, die mit der Orchestra durch eine doppelte Stufenreihe in Verbindung stand. So wenig

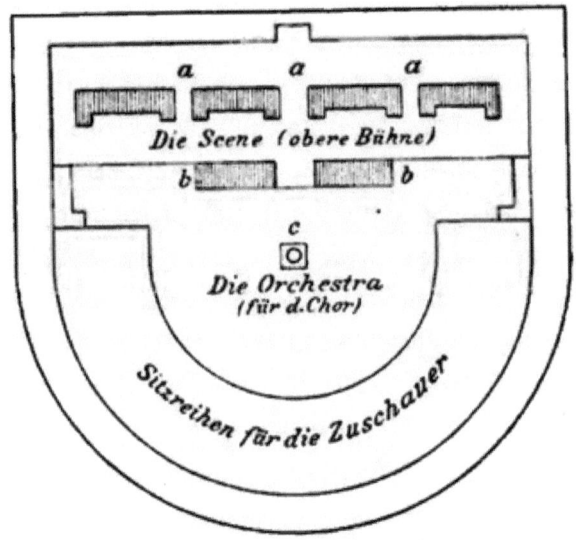

Grundriß der altgriechischen Bühne.
a. Die drei Eingangsthüren für die Zuschauer. b. Die zur Orchestra hinabführenden Stufen.
c. Der Altar.

denkbar es ist, daß die griechische Tragödie, nach Inhalt und Bau, auf der modernen Dekorationsbühne zur Geltung kommen könnte, so war es doch ein Grundgesetz der alten Bühne, welches auch in der Entwickelungsgeschichte des neueren Theaters nach mannigfachen Abirrungen von Zeit zu Zeit zur Geltung kommen wollte: daß die Aktion nach der Mitte des ganzen Raumes hindrängte, damit der Schau=

platz in seiner Gesamtheit von den Zuschauern fast gleichmäßig umschlossen war.

Der gewaltige Abstand der religiös-theatralischen Spiele des Mittelalters von dem gleichfalls aus dem Götterdienste hervorgegangenen Theater der Alten war gerade durch die Gleichartigkeit des Ursprungs bedingt. Keine heiteren Götter blickten aus dem blauen Himmel hernieder in das offene Amphitheater, aus dessen Mitte der Opferrauch vom Altare mit den Huldigungen emporstieg, die man dem Dionysos brachte. Wie die christliche Kirche des frühen Mittelalters die Freude — als etwas Heidnisches — aus dem Gottesdienste mit unnachsichtiger Strenge verbannt hatte, so gaben auch die ältesten Marienspiele und Mysterien den ernsten und strengen Geist jener Kirche wieder, in welcher finstere Schwärmerei durch die Askese und das Anachoretentum vom Geiste christlicher werkthätiger Liebe sich so weit entfernt hatte.

Es ist völlig begreiflich, daß auch die Anfänge der religiösen Schauspiele des Mittelalters nicht nur innerlich, sondern auch äußerlich völlig abgelöst von den Traditionen des klassischen Altertums sich neu entwickeln mußten. Die ersten Keime dazu haben wir zunächst in der Bewegung von innen nach außen zu erkennen, in dem Bestreben, aus dem geschlossenen Raum der Kirche den Weg ins Freie zu gewinnen. Wir werden hierbei daran denken müssen, wie das religiöse Volksspiel, so wie es aus dem strengen Gottesdienste hervorging, von diesem selbst die Anfänge der theatralischen Formen übernahm, wie schon innerhalb des Kirchenraums in den Wechselgesängen der Geistlichen die dramatischen Keime lagen, um so mehr, als auch in den

Stellungen der verschiedenen Geistlichen zu einander der zu vergegenwärtigenden heiligen Handlung die dramatische Symbolik verliehen wurde. Besonders wurde bei den großen Festen zu Weihnacht und zu Ostern, dort die Geburt des Christkindes mit den heiligen drei Königen, den Hirten u. s. w., dann die Prozession am Palmsonntag, endlich die Darstellung des heiligen Grabes u. s. w., die natürliche Bahn gelegt zu den öffentlichen Aufführungen der Mysterien. Mit der immer reicher werdenden Ausstattung bei diesen kirchlichen Festen wuchs auch die Zahl der daran Beteiligten. Die Räume der Kirche wurden endlich zu eng und die Zeremonien dehnten sich bis auf den Vorplatz der Kirche aus, so daß diese nun den Hintergrund bildete und so den wirklichen Schauplatz begrenzte.

Als die Darstellungen der Leidensgeschichte Christi mit der wachsenden Beteiligung des Laientums sich immer mehr unabhängig von der Kirche gemacht hatten, wobei aber die Geistlichkeit noch die Regie in den Händen behielt, waren die scenischen Formen, in denen nunmehr das wirkliche Volksschauspiel zur Geltung gekommen war, bei den verschiedenen Nationen und in wechselnden Zeiten auch verschiedene. Während in England, wo namentlich die Handwerkerkorporationen die Sache in die Hand genommen hatten, fahrende Gerüste, deren mehrere erst ein Ganzes der Handlung bildeten, von einem Schauplatz zum anderen zogen, scheint man in Deutschland von dieser Sitte nichts gewußt zu haben. In den Texten, die uns aus dem 15. und 16. Jahrhundert handschriftlich überliefert worden sind, finden wir nur in wenigen Fällen Anhaltspunkte, die uns zu einer bestimmten Vorstellung der scenischen Einrichtung dienen könnten, und vieles, was in neuerer Zeit darüber berichtet worden, beruht auf bloßen Konjekturen. In Frankreich ist nach manchen beglaubigten Mitteilungen der scenische Apparat bei solchen Darstellungen am großartigsten ausgebildet gewesen, aber keineswegs am künstlerischsten. Das ganze Bühnengerüst war ein so vielfältiges, daß nicht nur drei Stockwerke übereinander lagen (Hölle, Erde und Himmel darstellend), sondern daß dieses Uebereinander auch durch ein gleichzeitiges Nebeneinander der verschiedenen Schauplätze kompliziert wurde, und daß alle Mitwirkenden in den verschiedenen Abteilungen, denen sie angehörten, von vornherein gleichzeitig aufgestellt waren. Von derartig komplizierten Bühnengerüsten, die eine große Zahl von Abteilungen über- und nebeneinander enthielten, werden uns aus Frankreich einzelne von solchem Umfang beschrieben, daß wir uns davon keine Vorstellung machen können. Aus dem deutschen Mittelalter haben wir derartiges nicht nachzuweisen, und ich glaube annehmen zu dürfen, daß bei uns für die Mysterien und Passionsspiele, wo überhaupt ein besonderes Gerüst für sie errichtet wurde, dasselbe höchstens aus drei über einander liegenden Abteilungen bestand, von denen die unterste die Hölle, die mittlere die Erde und die oberste den Himmel vorstellt. Ich will nicht bestreiten, daß in vereinzelten Fällen auch kompliziertere Gerüste vorgekommen sein mögen, aber bei uns waren dies Ausnahmen. Von der Einrichtung der drei über einander liegenden Abteilungen geben uns aber mehrere alte Texte deutliche Fingerzeige. Am überzeugendsten wird uns diese Einrichtung aus dem berühmten Spiele „von Frau Jutten", in welchem die Sage von der fabelhaften Päpstin Johanna behandelt wird, welche um 855 in männlicher Ver=

kleidung den päpstlichen Stuhl bestiegen haben und während einer Prozession mit einem Kind niedergekommen sein soll. Dieses Spiel beginnt gleich in der untersten Abteilung, der Hölle, mit Lucifer und mehreren Teufeln. Zwei von ihnen werden hinauf zur Erde geschickt, wo sie der Frau Jutta den höllischen Plan zu ihrer Verkleidung eingeben, dann wieder hinab zur Hölle fahren und dem Lucifer Bericht erstatten. Nach einer längeren Reihe von Scenen, welche die Ereignisse auf der Erde in schneller Folge darstellen, öffnet sich auch der Himmel, in welchem Christus (Salvator) und Maria erscheinen. Da Maria die Seele der Sünderin retten will, wird Gabriel hinab zu Jutta auf die Erde gesendet. Nachdem Papst Jutta bei der Geburt des Kindes gestorben und ihre Seele vom Teufel Unversün hinab zur Hölle geführt worden ist, folgt noch eine ganze Reihe von Scenen, welche abwechselnd im Himmel und in der Hölle spielen. Endlich ist Gabriel hinab in die Hölle gestiegen und ihre Seele wird durch ihn den Teufeln entführt, worauf die Erlöste durch die Fürbitte der Maria mit Zeichen höchster Gnade im Himmel empfangen wird, nachdem sie — ganz wie Margarethe im Faust — die irdische Strafe für ihre Schuld auf sich genommen hatte, um dadurch die Gnade des Himmels zu erlangen*).

---

*) Ich hatte schon in meinem Buche „Lehr- und Wanderjahre des deutschen Schauspiels" (Berlin 1882) bei einer Analyse dieses Spiels auf noch andere überraschende Vergleichungspunkte mit Goethes Faust hingewiesen. Das merkwürdige Stück wurde erst 1565 durch M. H. Tilesius in antipäpstlicher Tendenz nach der alten Handschrift („von einem Meßpfaffen Schernbeck") bekannt gemacht. Später hat es Gottsched ganz abgedruckt und es ist sonach sehr wahrscheinlich, daß Goethe es gekannt hat.

Wir haben noch manche andere ältere Texte von Spielen dieser Gattung, in denen durch die Mitwirkung von Himmel und Hölle die breiteilige Einrichtung des Schauplatzes angezeigt ist. Was aber sonst von zuverlässigen Nachrichten und namentlich auch bilblichen Erläuterungen zu den Mysterien und Passionsspielen zu ermitteln ist, weist noch auf eine ganz andere und viel naivere Einrichtung des Schauplatzes hin. Es wurde ganz einfach der Marktplatz einer Stadt als der gegebene Bühnenraum benutzt, von Gerüsten für die Zuschauer sowohl an den Seiten des Platzes als an den einmündenden Straßen umgeben. Auf dem Platze selbst aber waren alle dazu nötigen Baulichkeiten, dem Scenenwechsel gemäß, nebeneinander aufgestellt. Durch dieses gleichzeitige Nebeneinander der verschiedenen Scenen war es bedingt, daß rings auf dem Platze die sämtlichen Darsteller ihre Aufstellung nahmen. Diejenigen Spielpersonen, welche nur in einer der Scenen beschäftigt waren, behielten ihre Plätze an der dafür bezeichneten Stelle und warteten ab, bis sie an die Reihe kamen.

Von einem zweitägigen Spiel aus der zweiten Hälfte des 15. Jahrhunderts, dem Passionsspiel zu Donaueschingen, haben wir einen solchen Scenenplan, von welchem uns F. J. Mone („Schauspiele des Mittelalters") Nachricht gibt. Der Platz für die Hölle war an dem einen Ende des Platzes angemerkt, der Himmel am entgegengesetzten Ende. Die Hauptpersonen, vor allem Christus selbst, hatten bei dem Spiele die dazwischen liegenden verschiedenen Abteilungen zu durchwandern. Wir sehen in diesen die Oertlichkeiten für den Garten Gethsemane und den Oelberg, die Häuser des Herodes, Pilatus, Kaiphas und Annas durch kleine Gerüste bezeichnet. Wir sehen ferner in der Mitte die Säule für die Geißelung Christi und sogar eine Säule für — den Hahn. Auch der Platz für das Abendmahl ist angemerkt und den Abschluß der dritten Abteilung bildete der Himmel, welcher gegen den übrigen Spielraum durch ein Gerüst bedeutend erhöht war.

Aus späterer Zeit haben wir den weit komplizierteren Scenenplan eines Osterspiels, für welches der Marktplatz in Luzern in seinem ganzen Umfange den Spielraum gab. Der Platz ist noch heute derselbe, auf der einen Seite das (jetzt veränderte) breite Haus „Zur Sonne", auf der anderen der Brunnen. Die Eingänge der Nebenstraßen waren durch hölzerne Thore abgeschlossen, über welchen sich Gerüste für die Zuschauer erhoben. Das ganze Personal, voran der

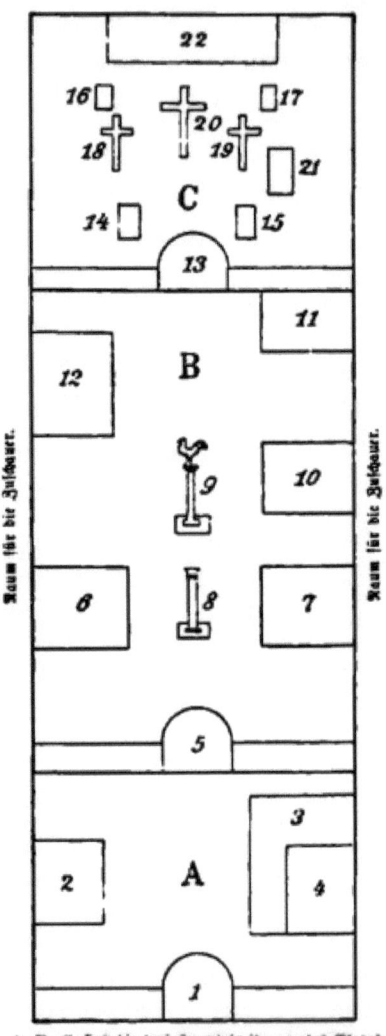

A. B. C. sind die drei Hauptabteilungen des Platzes. 1. Das erste Thor. 2. Die Hölle. 3. Der Garten Gethsemane. 4. Der Oelberg. 5. Das zweite Thor. 6. Das Haus des Herodes. 7. Das Haus des Pilatus. 8. Die Säule zur Geißelung. 9. Die Säule mit dem Hahn. 10. Des Kaiphas Haus. 11. Des Annas Haus. 12. Das Abendmahl. 13. Das dritte Thor. 14. 15. 16. 17. Die Gräber. 18. 19. Die Kreuze der beiden Schächer. 20. Das Kreuz Christi. 21. Das heilige Grab. 22. Der Himmel.

Proklamator mit Trabanten und Spielleuten, erschien zum Beginn des Spiels in geordnetem Zuge auf dem Markt.

Der Pater aeternus und die Engel in weißen Gewändern nahmen zuerst die Plätze im Himmel ein. Die Teufel durften außerhalb des Zuges über den Platz springen und — als die damaligen Clowns der Gesellschaft — nach allerlei Possen ihren Platz in der Hölle einnehmen, die gewöhnlich durch ein großes mit Flammen oder mit dem Höllenrachen bemaltes Faß dargestellt war. Von dem Gange des Spiels selbst kann ich hier keine Schilderung geben, da wir es hier nur mit der scenischen Einrichtung zu thun haben. Auf der erhalten gebliebenen Zeichnung des Scenenplanes führt vom Brunnen aus quer über den Platz eine Linie, welche den Jordan bezeichnet, während ganz in der Nähe des Brunnens der Standpunkt für Johannes den Täufer angegeben ist. Rechts von der Linie sind angemerkt: der Wasserfels, die eherne Schlange, weiter nach den Häusern zu der Tempel, ferner einzelne kleine Erhöhungen für das Opfer Abrahams, wie auch für das Opfer Kains und Abels. An der östlichen Seite des Platzes, nahe beim Gerüste, das den Himmel bezeichnet, finden sich dann noch angemerkt: das Paradies, Magdalenens Garten und der Berg Sinai. Bekanntlich fingen die mehrtägigen Osterspiele meist mit der Schöpfungsgeschichte an, und es war deshalb eine außerordentlich große Zahl von Personen erforderlich, welche auf dem Situationsplan nach ihren Stellungen verzeichnet sind. Da finden wir nicht nur Kain und Abel, Abraham und Isaak, sondern auch Saul, David, Ahasverus, Goliath u. s. w.; ja sogar für Herkules, Cyrus, Nero u. a. m. sind an der Brunnenseite des Marktes ihre Stellungen angemerkt. Bei den Standespersonen ist auch immer noch die Zahl der Trabanten, Ritter und dergleichen angegeben, so daß wir im

ganzen mehrere hundert Personen verzeichnet finden. Was
nun die Herrichtung der schon angemerkten und nebeneinan=
der befindlichen Oertlichkeiten betrifft, so scheint es, daß —
abgesehen von dem großen Gerüst für den Himmel — auch
andere kleinere Abteilungen ein erhöhtes Podium gehabt
haben, welches — wie auch sonst das Hauptbühnengerüst
— die Brüge oder Brügge (später auch Brucken oder Brücke)
genannt wird. So ist bei dem zuletzt erwähnten Osterspiel
für die Erschaffung Adams und Evas vorgeschrieben, daß
„ein zugerüsteter Lehmknollen unter der Brügge" liegen soll.
Bei dem Umfange des ganzen Spielplatzes mit den ver=
schiedenen Gruppen ist es begreiflich, daß von den Zu=
schauern, welche nicht die ganze Scenerie mit durchwandern
konnten, auch nicht alles verstanden wurde. In dieser vor=
gerückten Zeit, in welcher auch bei diesen Spielen der reli=
giöse Sinn schon mehr der bloßen Schaulust gewichen war,
und in der man bereits allerlei nichtigen Prunk trieb, war
das aber auch nicht nötig.

Ein durchaus anderes Gesicht erhielten diese Volksschau=
spiele in der ersten Zeit der Reformation, in Sachsen wie
in anderen, süd= und mitteldeutschen Gebieten, namentlich
aber in der Schweiz. Während in Sachsen die tendenziösen
Reformationsschauspiele vor allem von der Schule gepflegt,
von Schülern unter Leitung der lutherischen Lehrer und
Geistlichen aufgeführt wurden, war es in der Schweiz der
eigentliche Bürgerstand, welcher von dem Brettergerüst auf
offenem Markte durch Aufführung der heftigsten antipäpst=
lichen Dichtungen der neuen Lehre begeisterte Anhängerschaft
erwarb. Bern mit seinem ausgezeichneten Dichter, Maler
und Reformator Niklaus Manuel ging darin am eifrigsten

vor. Daß Manuels leidenschaftliche antipäpstliche Schauspiele auf offenem Markte und von den jüngeren Bürgern (von „jungen Burgern" oder „von Burgers Sünen") gespielt wurden, wird uns nicht nur auf den Titelblättern vieler Schauspiele ausdrücklich bezeugt, sondern wir haben auch aus der Zeit ihrer Aufführungen manche Beschreibungen davon. Das Bühnengerüst war, wie bei den früheren geistlichen Spielen, auf dem Markte oder am Ende einer Straße errichtet, aber einfacher als sonst und auf einen mäßigeren Umfang beschränkt. Die Bühne — bei den Schweizern stets Brüge oder Brügi genannt — hatte noch einen Vorplatz als Spielraum, gegen den sie etwas mehr erhöht war. Es kam wohl auch jetzt noch vor, daß bei Stücken von komplizierterer Handlung das Bühnengerüst noch in nebeneinander bestehenden Abteilungen geschieden war. Dies müssen wir z. B. aus dem „Goliath" des Hans von Rüte schließen (um 1550 in Bern gespielt), wo die Reden der verschiedenen Parteien so durcheinander gehen, daß man danach nur annehmen kann, auf der einen Seite haben die Juden agiert, auf der anderen Seite die Philister. Ferner erkennen wir aus einem Baseler Stück von J. Salat aus dem Jahre 1537, daß auch schon ein Wechsel der Dekorationen müsse stattgefunden haben, indem es einmal, nach den ersten Dialogen des Stückes, heißt: „Nun kommt die Rüstung der anderen Landschaft." Dazu kann eben nur jene etwas erhöhte Bühne verwendet worden sein. In dem Schauspiel eines Elsässer Schauspieldichters vom Jahre 1560 heißt es ausdrücklich: das Schaugerüst solle „mit einem Thor unterschieden sein und eine Vorbrück haben, darauf etliche Sprüch gesprochen werden". Wir haben unter dieser Vorbrüge oder Vorbrücke offenbar den breiten, vor der mehr erhöhten Bühne gelegenen Raum zu verstehen, welcher das uns später abhanden gekommene Proscenium bildete, und auf welchem u. a. auch die Prologe und Epiloge, sowie die „Argumente" gesprochen wurden, mit welchen die Schauspiele der ganzen Reformationszeit so reichlich ausgestattet waren.

Im allgemeinen aber war das Bühnengerüst noch von großer Einfachheit und blieb es noch lange Zeit. Wir haben keine Spuren davon, daß man von dem antiken Theater für Verbesserungen der Schaugerüste Nutzen zu ziehen suchte, obwohl die griechischen und namentlich die römischen Dramatiker bereits durch zahlreiche Uebersetzungen Verbreitung gefunden hatten. Ueber die Beschaffenheit des Theaters der Alten konnte man allerdings vor dem Ende des 15. Jahrhunderts keine Kenntnis haben. Auf dem Titelblatt zur ersten deutschen Gesamtausgabe der Komödien des Terenz, gedruckt in Straßburg 1499, hatte man zwar versucht, eine bildliche Darstellung von dem „Huß der Comedien" zu geben, aber es ist dies eine gänzlich phantastische Zeichnung, die auf keine wirkliche theatralische Einrichtung Anwendung finden kann, und uns eben nur beweist, welch naive Vorstellung man sich von einem „Komödienhaus" machte.

Auch in Nürnberg, wo durch Hans Sachs und seine Nachfolger das Volksschauspiel erst gegen die Mitte des 16. Jahrhunderts außerordentliche Beliebtheit erlangt hatte, blieb die Bühneneinrichtung noch bis ins nächste Jahrhundert hinein von einfachster Art. Bei den kurzen Fastnachtsspielen, mit denen zu einer bestimmten Zeit einzelne Trupps Gesellen herumzogen und in einer beliebigen Wirtshausstube ihr Stückchen spielten, verstand sich das von selbst. Bei den größeren Komödien und Tragödien, welche in geschlossenen und besonders dazu hergerichteten Räumen aufgeführt wurden, konnte man auf die scenische Einrichtung, wo die bestimmte Handlung eine solche erforderte, schon etwas mehr Sorgfalt verwenden. Außer den für die Aktion notwendigsten Requisiten wurden auch einzelne Dekorationsstücke, wie Bäume, Häuser, Türme und dergleichen gebraucht. Aber naiv wie die Stücke und die Spielweise, war natürlich auch das scenische Arrangement. Daß man sich bei der Herrichtung der besonderen Lokalität mit dürftigen Andeutungen begnügte, zeigt mir ein um 1530—35 erschienenes Schauspiel von der „Susanna", deren anonymer Verfasser, da er im Prologe von dem Garten der Susanna spricht, mit Selbstironie hinzufügt, daß man, um die schönen Bäume und Kräuter darin zu sehen, „gar scharfe Brillen haben müßte". Die zur Zeit des Hans Sachs zu den theatralischen Aufführungen gebrauchten Lokale waren vorzugsweise die vordem für die Singeschule der Meistersinger benutzte Marthakirche, und von den verschiedenen Gasthöfen namentlich der „Heilsbronner Hof", dessen bauliche Beschaffenheit dafür besonders geeignet war[*]. Die Einrichtung der Bühne wurde je nach dem mehr oder minder komplizierten Stücke bestimmt. Als die Meistersinger in Augsburg für eine Aufführung um das geräumige Tanzhaus petitionierten, machten sie dafür geltend,

---

[*] In meinen „Lehr= und Wanderjahren des deutschen Schauspiels" (Berlin 1882) habe ich die verschiedenen Nürnberger Lokale, in denen gespielt wurde, zum erstenmal auf Grund urkundlicher Nachrichten feststellen können, und zugleich nachgewiesen, daß das angebliche von den Meistersingern 1550 erbaute Schauspielhaus, von dem in verschiedenen Theatergeschichten lange gefabelt worden, niemals existiert hat.

daß der Personen viel „und sich solche Comedi ohne Prugg (Brüge, Brücke) nit halten ließe", indem man dabei nicht nur auf, sondern auch „unter den Pruggen" zu handeln habe. Man hatte also auch für den geschlossenen Raum die Einrichtung, wie sie bei den Schaugerüsten auf offenem Markte bestand, zuweilen beibehalten.

Durch das ganze 16. Jahrhundert hindurch blieb das Schauspiel in den anderen deutschen Landen beherrscht von der Reformation. Die religiöse und polemische Tendenz war es wohl auch neben anderen Ursachen, welche eine Weiterentwickelung des Schauspiels, sowohl des dichterischen Gehaltes, als auch der scenischen Vervollkommnung, verhinderte. Da späterhin die hervorragendsten der Tendenzstücke alles in übermäßig langen Dialogen abmachten, so konnte dafür die einfachste Bühne im geschlossenen Raum genügen. Daneben aber wurden auch noch besondere Schaugerüste aufgeführt, und für die komplizierteren Schauspiele, welche die Stoffe aus dem Alten Testament nahmen, griff man auch wieder auf die älteren Formen der Passionsspiele zurück, indem noch häufig der mit Gerüsten umgebene Marktplatz selbst den natürlich gegebenen Boden für das Schauspiel hergab, wobei auch wieder das gleichzeitige Nebeneinander der Oertlichkeit für den Scenenwechsel benutzt wurde. Besonders geschah dies bei solchen Schauspielen, die ihrer großen Ausdehnung wegen auf zwei oder noch mehr Tage eingerichtet waren. In Basel und im Elsaß wurden so (seit 1571) die ungeheuerlichen und auf Mitwirkung großer Massen berechneten Schauspiele von Matthias Holzwart und Pfarrer Rasser dargestellt, in Heidelberg die alttestamentarischen Schauspiele des Steinmetz Thomas Schmidt, bei denen gleichzeitig Bürger und Studenten an der Darstellung sich betheiligten. Auch bei diesen Stücken gehen wieder die Dialoge dermaßen durcheinander, daß wir nur durch die Annahme des gleichzeitigen Nebeneinanders der wechselnden Scenen uns eine Vorstellung von der Ausführbarkeit machen können.

In den letzten Decennien des 16. Jahrhunderts hatte Württemberg in Nikodemus Frischlin einen der hervorragendsten lateinischen Dichter des Jahrhunderts erhalten. Seine zahlreichen Schauspiele (von denen nur eines deutsch geschrieben ist) würden für uns kaum in Betracht kommen, da sie zunächst für die studierende Jugend zu pädagogischen Zwecken verfaßt waren und meist in einem dazu eingerichteten Saal aufgeführt wurden. Einzelne wurden auch am Hof in Stuttgart dargestellt, und in Tübingen verließ er wohl auch das Theatrum academicum, um sich damit auf den Markt hinauszuwagen, wobei er dem Verständnisse durch deutsche „Argumente" nachhalf, die vor den Akten gesprochen wurden. Da er aber damit schwerlich für die Elegantia der lateinischen Sprache viele Anhänger gewinnen konnte, so war es für die theatralischen Zwecke jedenfalls wichtiger, daß seine lateinischen Schauspiele von seinem Bruder Jakob, welcher Schullehrer in Waiblingen war, ins Deutsche übertragen und daselbst auf offenem Markte aufgeführt wurden. In einer Widmung an den Bürgermeister von Straßburg spricht Jakob Frischlin einmal von den Komödien und Tragödien, welche in Straßburg alljährlich in einem „besonders köstlichen und schön eingerichteten Theater" aufgeführt würden. Es ist aber sicher dieses Theatrum dasselbe gewesen, welches noch mehrere Jahre später als das „Theatrum academicum" in Straßburg erwähnt wird, also kein eigens erbautes Schauspielhaus. Nikodemus Frischlin klagt dagegen einmal im Prolog zu einem seiner lateinischen Stücke über die Aermlichkeit der Zurüstungen und die Enge des Raumes. Die Zeit der Rosciusse, heißt es darin, die ihre Kunst verstanden, sei vorbei, wie auch die Zeit der Lucullе, welche Mäntel fürs Theater übrig hatten, und kein Cäsar baue mehr ein Schauspielhaus.

Man hatte in der That weder Schauspieler, noch Schauspielhäuser, und weder nach den Dichtungen, noch hinsichtlich der Darstellung konnte von einer „dramatischen Kunst" die Rede sein. Neben den lateinischen Schulkomödien hatten die öffentlichen Volksschauspiele ihren Fortgang. Während aber dieselben überwiegend noch von dem Geiste der Reformation erfüllt waren, blieb man in der scenischen Darstellung, wo man sich nicht auf die dürftigste Einfachheit beschränkte, noch an die Ueberlieferungen aus der Zeit der Mysterien und Passionsspiele gebunden. Erst zweierlei vom Auslande gekommene Anregungen sollten dann allmählich Veränderungen herbeiführen.

* * *

Etwa ein Jahrhundert hindurch waren in der scenischen Einrichtung zwar mancherlei Veränderungen in den üblichen Formen eingetreten und hatten vorübergehend sich geltend gemacht, ohne daß aber dadurch in künsterischer Hinsicht eine wirkliche Verbesserung eingetreten wäre. Und so sollte es auch noch bis ins folgende Jahrhundert hinein eine Zeitlang bleiben, obgleich schon gegen Ende des 16. Jahrhunderts von außerhalb der Anstoß zu einer Vervollkommnung gegeben war, dessen Einfluß allmählich sich im deutschen Schauspiel bemerkbar machte, und zwar nach zwei sehr verschiedenen Richtungen hin, welche zu einander im stärksten Widerspruche standen. Lange bevor die frühzeitig entwickelte italienische Dekorationsbühne auf unser Theater Einfluß gewann, war es England, von dem wir in theatralischen Dingen lernen sollten.

Schon im letzten Jahrzehnt des 16. Jahrhunderts waren die Truppen der sogenannten „englischen Komödianten" nach dem Kontinent gekommen, um zuerst in den Niederlanden, dann in zahlreichen deutschen Städten, bis zum östlichen Grenzgebiet wie bis zum Süden, theatralische Vorstellungen zu geben. Noch ehe diese Kulturerscheinung eine so weite Ausdehnung gewann, machte sich ihr Einfluß bei uns in der Schauspieldichtung geltend. Es waren vorzugsweise zwei fruchtbare Schauspieldichter, der Herzog Heinrich Julius von Braunschweig und der Nürnberger Notar Jakob Ayrer, in deren Schauspielen die englischen Vorbilder deutlich zu erkennen sind. Im englischen Drama war es vor allem die sichtbare und schnell fortschreitende wirkliche Aktion, welche im Gegensatze zu unsern breit ausgeführten Dialogstücken der Reformationszeit zur Nachahmung anreizen mußte.

Der Erste, welcher sich eifrigst beflissen zeigte, von dem englischen Drama auch für die deutsche Bühne zu profitieren, war der Herzog Heinrich Julius von Braunschweig, dessen Schauspiele meist 1593 und 1594 geschrieben waren, nachdem schon 1591 in Wolfenbüttel ein eigenes Theater für die englischen Komödianten eingerichtet worden war, über dessen Beschaffenheit wir aber leider nichts Zuverlässiges überliefert erhalten haben. Wie sehr schon dieser fürstliche Dichter es auf die starke Wirkung der sichtbaren Aktion abgesehen hatte, zeigt sich auch in der wahrhaft erschreckenden Roheit seiner Stücke, unter denen z. B. seine Tragödie vom ungeratenen Sohn an Blutigkeit und geradezu Abscheu und Ekel erregender Grausamkeit der Handlung alles übertrifft, was selbst die unmittelbaren Vorgänger Shakespeares, ein Marlowe und Kyd, und was Shakespeare selbst in seinen Jugendtragödien, im „Heinrich VI." und „Titus Andronicus", darin geleistet hatten. Alles, was wir überhaupt in der Zeit der ersten Nachahmungen der Engländer in Deutschland sehen, macht sich in den furchtbarsten Uebertreibungen kund, und zwar ebensowohl im Komischen als im Tragischen. Man legte auf alle Aeußerlichkeiten um so mehr Gewicht, je weniger man dabei Verständnis für das innere Wesen der Dichtungsgattung hatte. So war es bei dem Herzog von Braunschweig, und so war es bei dem Nürnberger Jakob Ayrer, dessen viel zahlreichere Schauspiele der Zeit nach sich unmittelbar an die Stücke des Braunschweiger Fürsten anschließen. Beide Schauspieldichter haben eigentlich nur das Merkmal der schlechten Nachahmung des englischen Dramas miteinander gemein, sind aber ihrer Art nach sehr voneinander verschieden. Ihre Dichtungen, ebenso wie alle übrigen, können uns hier nur insofern beschäftigen, als wir darin nach Merkmalen für die scenische Darstellung suchen. Der Braunschweiger Dramatiker bietet uns darin nur äußerst wenig, eigentlich nur durch das Nichtvorhandensein jeder auch noch so geringen Anweisung für die Scene. Eben nur daraus können wir nach seinen Texten schließen, daß die Bühne, welche er im Auge hatte, der englischen entsprechend gewesen sein muß: ein einfacher und neutraler Schauplatz mit Thüren für die Ein- und Ausgänge. Ohne jede Spur einer Andeutung des Schauplatzes geht die eine Scene in eine andere über, und dem Zuschauer oder Leser war es überlassen, sich die veränderte Lokalität dabei zu denken. Etwas deutlichere Merkmale finden wir bei Jakob Ayrer, der in seinen Bühnenanweisungen häufig von der Brücke (Prucken) spricht, auch Thüren erwähnt, wie sogar einigemal eine „Zinne", also einen erhöhten Raum im Hintergrunde der Bühne, welcher zu gewissen Momenten der Handlung diente und wohl der ähnlichen Einrichtung der englischen Bühne nachgebildet war.

Obwohl nun Jakob Ayrer in allen äußerlichen Dingen sich an die englischen Vorbilder anlehnt, so steht er doch noch im wesentlichen auf dem Boden seiner süddeutschen Vorgänger, indem er die verschiedenartigen Stoffe in dramatischer Beziehung ebenso naiv behandelt wie jene, und hierin von seinem um ein halbes Jahrhundert älteren Vorgänger Hans Sachs sich nur wenig unterscheidet. Aber der ältere Volksdichter scheute sich doch noch, die sichtbare Handlung in aller Deutlichkeit zu geben; er umging sie mehr, als daß er sie suchte, und er rechnete dabei auf die Naivetät und Phantasie seines Publikums. Deshalb ist bei Hans Sachs noch alles in kurzen Andeutungen abgemacht. Andere Dichter seiner Zeit ließen hinsichtlich der scenischen Unzulänglichkeit schon mehr das Bemühen erkennen, durch Vorschriften für Darsteller und Zuschauer solche Mängel zu ersetzen. Sehr spaßhaft ist z. B. hierin der eifrige sächsische Reformationsdramatiker Joachim Greff. In seinem „Lazarus" beginnt er einen langen Monolog des Philergus mit der Bemerkung: „Dies Nachfolgende muß alles verstanden werden, als werd's geredt auf dem Wege," — und am Schlusse dieses Monologs heißt es dann: „Nun ist er schier in Jerusalem." Daß sich so etwas mehr für die Lektüre begreiflich machen ließ, als in der Aktion, das scheint dem Dichter hierbei nicht in den Sinn gekommen zu sein. Ganz anders verfuhr schon Jakob Ayrer, der vor allem die Handgreiflichkeit der Dinge in den Vordergrund rückte, indem er mehr Wert auf die durch Bühnenanweisungen erläuterten äußerlich bewegten Momente legte, als auf die Dialogisierung. Wir finden deshalb auch von den Herausgebern der Ayrerschen Schauspiele, die erst 1618 (nach seinem Tode) als „Opus theatricum" im Druck erschienen, ausdrücklich darauf hingewiesen: „daß in diesen Stücken alles nach dem Leben angestellt und dahin gerichtet sei, daß man's gleichsam auf die neue englische Manier und Art alles persönlich agieren und spielen kann." Es ist also natürlich, daß man zu solchem Zwecke auch die nötigsten Veränderungen in der Bühneneinrichtung, nach dem Muster der Engländer, mit benutzen mußte. Von einem Vorhang scheint man noch gar nichts gewußt zu haben, weshalb auch bei jedem Aktschluß alle abgehen. Auch der Wechsel der Scene ist nur dadurch angedeutet, daß die einen von der Scene abgehen, wonach andere auftreten (eingehen).

Um aber in dem Schauspiel dieser Zeit die Anlehnung an die englischen Vorbilder zu erkennen, werden wir hier die Verhältnisse der englischen Bühne in Kürze charakterisieren müssen.

Bei dem englischen Theater jener Zeit sind vor allem die zwei Hauptgattungen: der öffentlichen (public) und der geschlossenen (private) Theater zu unterscheiden. Bei der ersteren Gattung war der Hauptteil des Auditoriums unbedeckt. Der weite Raum des Parterres (pit oder Grube) gestattete und erforderte es, daß die Bühne, b. h. der Hauptspielraum, mehr nach der Mitte des Publikums vorgerückt wurde, so daß die Zuhörerschaft diese Vorderbühne von drei Seiten umschloß, während auch auf der Bühne selbst noch Logen für Zuschauer waren. Von dem Schwantheater in London ist unlängst erst eine Zeichnung aufgefunden worden, welche von einem Holländer Joh. de Witt im Jahre 1596 in London angefertigt wurde, und welche K. Th. Gaedertz in einer kleinen Schrift im Faksimile wiedergegeben hat. Es ist dies allerdings nur eine flüchtig hingeworfene Skizze des inneren Raumes, aber sie läßt trotzdem die Grundzüge der Einrichtung erkennen. Hier ragt das erhöhte Podium anscheinend bis in die Mitte des Parterre hinein, welches von drei Galerien umschlossen ist, und nach der Angabe de Witts habe das Theater 3000 Personen fassen können. Diese Zahl mag wohl zu hoch gegriffen sein, wenn wir andererseits auch zu berücksichtigen haben, daß besonders die Zahl der Stehenden in diesen Sommertheatern besonders groß gewesen ist. Zu den für den Winter bestimmten und deshalb ganz geschlossenen und überdachten Theatergebäuden gehörte auch das Theater zu Blackfriars, das erste, welches Shakespeares Namen bekannt machte, von dem uns aber keine bildliche Darstellung überliefert worden ist. Aus der Zahl der untergeordneten Theater haben wir noch eine alte, wenn auch aus etwas späterer Zeit herrührende Zeichnung des "roten Ochsen" (Red Bull-Theater), nach welcher ebenso, wie beim Schwantheater, die Bühne bis in die Mitte des

Hauses vorgerückt ist. Wir können sonach wohl annehmen, daß die Grundzüge der Theater aus Shakespeares Zeit übereinstimmend waren. Beim Red Bull-Theater bestand die ganze Bühne allerdings nur aus einem erhöhten viereckigen Podium, das von brei Seiten frei und vom Parterre umgeben war, während der Fond der Bühne nur eine einzige, durch eine Gardine verhängte Oeffnung für Ein- und Ausgänge hatte. Aber auch hier sehen wir über diesem Raume noch Logen für Zuschauer, so daß also

Das Red Bull-Theater.

der Bühnenraum inmitten des Publikums sich befand. Auf dem alten Holzschnitt (den ich in meinem Buche „Shakespeare, sein Leben und seine Werke" wiedergegeben hatte) sind die Personen aus verschiedenen Stücken vereinigt, unter ihnen auch Falstaff und die Wirtin. Aus dem Umstande, daß auf diesem alten Holzschnitt von der Decke herab zwei Kronleuchter mit je acht Lichtern hängen, kann man ersehen, daß Red Bull kein offenes Sommertheater war, in welchem nachmittags, also bei Tageslicht, gespielt wurde, sondern daß es zu den geschlossenen (private) Theatern gehörte.

Was nun das etwa um 1596 entstandene Globe-Theater betrifft, mit welchem Shakespeares Ruhm am innigsten verknüpft ist, so zeigen uns ein paar ältere dürftige Abbildungen nur seine äußere Form, welche ein Achteck gewesen

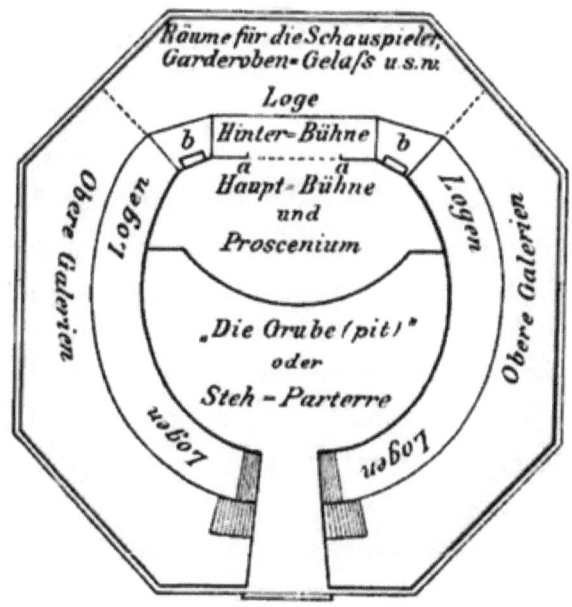

Grundriß zu Shakespeares Globe-Theater.
a – a. Vorhang zur Hinterbühne. b. Eingänge für die Schauspieler, darüber Logen für Zuschauer.

zu sein scheint. Man sieht außerdem aus dem offenen Hofe diejenigen bedachten Teile hervorragen, welche einen Teil der Bühne, die Garderoberäume u. s. w., bildeten. Die innere Form des Hauses wird von Shakespeare selbst (im Prolog zu „Heinrich V.") mit einem O verglichen (the wooden O). Ueber die sonstige Beschaffenheit des Innern können wir wenigstens aus vielen Aeußerungen zeitgenössischer

Schriftsteller, wie auch aus den ältesten Ausgaben der Stücke
selbst uns einigermaßen ein Bild konstruieren. Sicher ist,
daß der Bühnenraum eine unveränderliche Architektur hatte
und mit Tapeten oder Teppichen behängt war. In der
Mitte des Hintergrundes befand sich aber noch eine durch
einen Vorhang zu schließende Mittelbühne, welche vortreff=
lich zu verwenden war, und durch deren geringe Verände=
rungen, wie auch durch das Schließen und Oeffnen derselben,
auch der Phantasie der Zuschauer bei dem so häufigen
Scenenwechsel auf die leichteste Art nachhalf. Man braucht
nur ein Shakespearesches Drama in die Hand zu nehmen
und mit Ignorierung der (erst von den späteren Heraus=
gebern hinzugefügten) Bezeichnungen des Scenenwechsels den
Text unter der Vorstellung jener einfachen Bühneneinrichtung
durchzugehen, so müssen die Vorteile derselben einleuchten
— gerade bei einer solchen schnell fortdrängenden Hand=
lung, in deren Fortgang Raum und Zeit mit jener Freiheit
behandelt werden, durch welche die Symbolik der konzen=
trierten Handlung so bedeutend verstärkt wird. Wir brauchen
nur an die einem jeden bekannten Scenen in den populär=
sten Shakespeareschen Dramen zu denken: an Julias oder
Desdemonas Schlafgemach, ferner an Imogen während ihrer
Belauschung durch Jachimo, an das Sterbezimmer Heinrichs IV.
und noch sehr viele andere Momente, so werden wir uns
vorstellen, wie leicht durch die bloße Teilung oder Schließung
des Vorhanges vor jener kleineren Vertiefung der Bühne
die bestimmte Andeutung für den Wechsel der Scene gegeben
war. Daß über jener Vertiefung oder kleinen Mittelbühne
noch eine Art Loge war, ist gleichfalls aus den uns bekannten
Einrichtungen der gleichzeitigen anderen Theater Londons,

wie auch aus den älteren Drucken der Shakespeareschen und anderen Dramen mit größter Wahrscheinlichkeit zu schließen. Denn auch dieser obere Raum war zu den verschiedensten Momenten in der Handlung leicht zu verwerten: zu Julias Balkon, Brabantios Fenster in der ersten Scene, zu Richards III. Komödie mit dem Lord-Mayor, zu einem Turm, einer Burgmauer u. s. w. Daß die Dekorationen, welche eine Oertlichkeit anzudeuten hatten, nicht gänzlich gefehlt haben, können wir mit Sicherheit ebenfalls aus den ältesten Drucken der Werke Shakespeares schließen. Wenn es im Chorus zu Heinrich V. einmal heißt: „Wir ändern unsere Scene in Southampton (we do shift our scene), so können wir wohl annehmen, daß der Dichter nur an die Phantasie der Zuschauer sich wendete, welche den Schauplatz dort sich denken sollten. Aber auch in Stücken, wo dieser erläuternde Chorus fehlt, finden wir zahlreiche bestimmte Anweisungen. So im König Johann: „Ein Bürger erscheint auf der Mauer" (upon the walls); oder: „Der französische Herold kommt durch das Thor" (enter to the gates); und: „Arthur enter on the walls". Auch im Heinrich VI. sind bei den Auftritten wiederholt die Mauern und die Thore erwähnt. Ebenso kommt Timon „aus seiner Höhle" (from his cave) und im Coriolan ist ausdrücklich vorgeschrieben: „Er folgt ihnen in das Thor und ist eingeschlossen." Diese Angaben stehen, wie ich ausdrücklich wiederhole, bereits in der Folio von 1623, rühren also jedenfalls noch aus der Zeit des Dichters her. Es wäre auch gar nicht zu denken, wie ohne jede Hilfe bekorativer Veränderungen das Publikum die Situation sich hätte klar machen können. Aber diese Veränderungen waren nur angedeutet, sie waren durch

Versetzstücke und besonders durch die mittlere Vertiefung der Hauptbühne bewirkt.

Nur unter der Vorstellung dieser altenglischen Bühneneinrichtung, welche für die ganze Komposition der Dramen selbst bestimmend war, werden wir uns auch einen Begriff von der plastischen Anschaulichkeit, von der Aktion derselben machen können, nur mit Hilfe einer solchen, in den Grundbedingungen wenigstens gleichartigen Bühne dem Sturmeslauf dieser Tragödien folgen können, ohne fortwährend durch den fallenden Vorhang in der Anschauung und dem Eindruck derselben gestört zu' werden. Es muß jedem überzeugend sein, daß unter der Voraussetzung einer derartigen Bühneneinrichtung das Shakespearesche Drama in einer ganz anderen, und zwar in der seinem ganzen dramatischen Bau entsprechenden äußeren Gestalt sich zeigen kann.

Was nun in Deutschland bei den Aufführungen der englischen Komödianten von der Bühneneinrichtung ihres Heimatlandes eingeführt wurde, mußte naturgemäß auch auf die Verhältnisse der deutschen Schaubühne von Einfluß sein, wie ja auch schon in den Dichtungen der erwähnten deutschen Dramatiker die englischen Vorbilder sich zeigten. Aus denjenigen Schauspielen, welche 1620 unter der Bezeichnung: „Englische Komödien und Tragödien" in einer Sammlung erschienen, und welche die Originale nur in abscheulichen Verstümmelungen wiedergaben, ersehen wir übrigens auch den Gebrauch der „Tapeten", welche den Spielraum der englischen Bühne einschlossen, und hinter welche solche Personen traten, die sich vorübergehend vor anderen zu verbergen hatten. (So findet man auch Falstaff, nachdem derselbe in der Schenke vor dem Sheriff sich versteckt hatte, eingeschlafen hinter der Tapete — „behind the arras".) Dieser Gebrauch der Tapeten hatte sich bei uns im Schauspiel auch noch später längere Zeit erhalten.

Je spärlicher aber die scenische Einrichtung war, um so freigebiger wurde man bei uns in allen jenen Stücken, die den englischen Einfluß erkennen lassen, mit den Vorschriften für die Ausführung von Blutthaten. Wo es Morde, Verstümmelungen und andere grausame Aktionen galt, da hatte man mit komischer Gewissenhaftigkeit die genauesten Anweisungen hinzugefügt, durch welche Vorkehrungen man die Sache recht natürlich machen könne. Die unter der Kleidung oder im Hut verborgene Blase mit rotem Saft war damals der Triumph jener Natürlichkeitsrichtung, in welcher man auch gegenwärtig bei uns in allerlei Dingen es so herrlich weit gebracht hat, so daß die „Natürlichkeit" jede dichterische Illusion und alle künstlerische Wirkung totschlägt.

Neben dem Herzog Heinrich Julius von Braunschweig, der ganz besonders diesen roten Saft mit Vorliebe anwendete, war es übrigens noch ein anderer deutscher Fürst, welcher die Einführung des englischen Schauspiels mit lebhaftestem Interesse betrieben hatte. Es war der Landgraf Moritz in Kassel, der nicht nur frühzeitig schon englische Komödianten an seinen Hof hatte kommen lassen, sondern auch selbst ein großes Theater in Kassel erbauen ließ, welches er nach dem Namen seines Sohnes „Ottoneum" benannte. Von der Beschaffenheit dieses Theaters weiß man nur aus der Beschreibung eines Zeitgenossen, daß es „auf die alte römische Art gebaut war" und daß es etliche tausend Zuschauer fassen konnte. Die „alte römische Art" bezieht sich wohl nur auf die in der Rotunde amphitheatralisch errichteten Galerien, wie sie auch die alten englischen Theater hatten; und auch im übrigen mochte wohl das englische Vorbild maßgebend gewesen sein. Den zuerst durch die Engländer selbst in Deutschland eingeführten englischen Komödien folgten auch bald die deutschen Schauspiele, von Deutschen aufgeführt, und von den Vorstellungen im „Ottoneum" wird berichtet, daß dieselben „meist aus den Zöglingen der landwirtschaft= lichen Ritterschule" genommen waren. Lange scheint übrigens dieses Ottoneum nicht bestanden zu haben, und es ist wohl nur zu Vorstellungen für den Hof und für besondere Fest= lichkeiten benutzt worden; denn schon um die Mitte des 17. Jahrhunderts werden für die Schauspielvorstellungen wandernder Truppen ein Reithaus und ein Ballhaus als die Lokale bezeichnet.

Durch die Invasion der englischen Komödianten hatte auch bei uns erst die Ausbildung der Berufsschauspieler einen Aufschwung genommen, so daß mit den Engländern auch bald sich Deutsche mischten, bis schließlich auch rein deutsche Truppen unter der lockenden Firma der „englischen Komödianten" von Ort zu Ort zogen. Aber die Zeiten des Dreißigjährigen Krieges waren nicht dazu angethan, die neuen Errungenschaften sich fortbilden und vervollkommnen zu lassen. Die Verwahrlosung des Schauspielwesens nahm bald in erschreckendster Weise zu, und zwischen den Blutthaten auf der Bretterbühne wie in der Wirklichkeit triumphierte schließ= lich nur der Hanswurst oder „Pickelhäring" mit Roheiten und Unflätigkeiten, die jeder Beschreibung spotten. Daß hierbei auch das, was man von der scenischen Einrichtung der englischen Bühne gewonnen hatte, jede Bedeutung verlor, ist begreiflich. In **Nürnberg** hatte man zwar 1628 auf der Schütt das große „Fechthaus" erbaut, ein vierseitiger Bau, der einen Hof umschloß und dessen drei Galerien nebst den Stehplätzen mehrere tausend Zuschauer aufnehmen konnten. Aber dieser Schauplatz diente keineswegs allein zu theatralischen Darstellungen, sondern — wie schon der Name sagt — zunächst zu Fechtübungen und Fechtproduktionen, daneben auch zu Tierhetzen und Ausstellung fremder Tiere. Freilich besagte die lateinische Inschrift, daß es ein Schauplatz „des Mars und der Kunst" sein solle, um darin öffentliche gymnastische und andere Spiele aufzuführen, „der Tugend ein Sporn, dem Laster ein Schreckbild, der Bürgerschaft ein Ergötzen". Die Eröffnung des Fechthauses am 16. Juni 1628 geschah zwar durch Aufführung einer Komödie, welcher auch der Landgraf Wilhelm von Kassel beiwohnte, und auch in der Folge wurde hier Komödie gespielt, gewöhnlich aber nur im Sommer und nur an einem Tage in der Woche, Mittwochs. Und da der Spielplatz ein offener Raum war, nur an den Seiten von gedeckten Galerien umschlossen, so konnte auf dieser Bühne auch nur unter freiem Himmel gespielt werden. Obgleich aber Nürnberg bereits 1668 auch sein Opernhaus erhalten hatte, so diente doch das „Fechthaus" noch lange Zeit zu theatralischen Darstellungen, und noch bis gegen die Mitte des 18. Jahrhunderts gaben darin verschiedene reisende Banden ihre Schauspielvorstellungen.

Während um die Mitte des 17. Jahrhunderts das Schauspielwesen in Deutschland gänzlich in Roheit versunken war und nur vereinzelte Erscheinungen (auf die ich später zu reden komme) in dem allgemeinen Elend von Zeit zu

Zeit als Anstrebungen zum Bessern sich bemerkbar machten, war in Italien das Theaterwesen, namentlich in Bezug auf die Bühneneinrichtungen, bereits zu einer so großen Vollkommenheit gediehen, daß das gegebene Beispiel endlich auch bei uns zur Nacheiferung führen mußte. Nur bedurfte es bei uns dafür erst ruhigerer Zeiten. Und als sie gekommen waren, als die Musen den Boden von Blut einigermaßen gereinigt fanden, da war es nicht das Schauspiel, welches davon Nutzen ziehen sollte, sondern es war diejenige Kunstgattung, welche noch für lange Zeit der gefährlichste Nebenbuhler der Schauspielkunst bleiben sollte. Und Italien war es, welches uns nicht nur die Oper brachte, sondern mit dieser auch alle jene verführerischen Reize verband, vor welchen die bei uns gemißhandelte und verachtete dramatische Muse in ihrem schmutzigen Bettlergewande sich schamhaft zurückziehen mußte.

Die ersten Nachrichten über die Beschaffenheit der italienischen Bühne erhielten wir durch solche Reisende, welche zum Studium der Kunstschätze und Bauten Italien besucht hatten. Joseph Furtenbach in Ulm, welcher uns zahlreiche Werke über Architektur hinterlassen hat, berichtete schon 1627 in seinem Werke über die italienischen Städte (Newes Itinerarium Italiae) wahre Wunderdinge über das in Florenz bestehende „fürstliche Theater". Von dem Eindruck, welchen damals Deutsche von den italienischen Dekorations- und Maschinenkünsten erhielten, gibt uns der Wortlaut Furtenbachs in seinen Mitteilungen über Florenz eine Vorstellung. Er beschreibt von dem Theater die

Bühnendekoration einer Straßenansicht, „da man denn gar in die Ferne und in etliche Gassen prospektivischer weis hinein sehen thut, aus welchen die Comedianten sich erzeigen, und nach Gelegenheit des vor ihnen habenden actus agiren. Wann selbiger sein Endschaft erreicht, thut sich das ganze Werk in einen Lustgarten, Meer, Wald oder anderes in solcher Behendigkeit verwandeln, daß des Menschen Aug dessen in Achtung zu nehmen nicht wohl vermag, sondern vielmehr also bestürzt wird, daß die Personen gleichsam die Gedanken verändern, als obs verzuckt wären. Und sein dergleichen Verwandelungen in unterschiedlichen Gestalten oft sechs- bis siebenmal in einer Comedien gesehen worden. . . ." Er erzählt dann auch von den kunstvollen Maschinerien, mittels welcher die Götter auf Wolken sich herabsenken und dergleichen mehr. Bemerkenswert ist, daß hier von einem Vorhang des Theaters noch keine Rede ist, während er 16 Jahre später denselben ganz besonders hervorhebt und erklärt, indem er ihn Fuora nennt und — nach dem alten deutschen Gebrauch — die Bühne oder das Podium als „Brucken" bezeichnet. Auch dieser Bericht ist sehr charakteristisch für den lebhaften Eindruck, welchen die damalige Bühnenherrlichkeit Italiens auf den Fremden machte:

„Vier fuora, das seind gemalte Tuch oder Vorhäng, da man dann den ersten, andern, britten oder vierten dergleichen Vorhang zu der Sciena di Comedia, und also zuvor, ehe die acta ihren Anfang nehmen, gebrauchen kann. Wann die Sciena oder Brucken ganz verfertiget und dieselbe also in ihrem Ornat besteht, so wäre nit fein, daß die Zuseher, sobald sie in das theatrum hinein spazierten, anschauen könnten. Derowegen so solle vor der Scena her allweg ein fuora, oder Vorhang, und derjenige, welcher am meisten beliebig sein möchte, genommen, aber solchergestalt aufgerichtet werden, daß man den vielernannten Vorhang in einem Augenblick beiseits ziehen, oder aber in einen besonderen Graben vor der Sciena herab könne fallen lassen, dahero und wann die Zuseher in den theatro hineingehen, auch daselbsten ihre Sessiones einnehmen, was aber noch darhinder erbauet worden, das ist ihnen unwissent, und mit diesen wundergernen Gedanken müssen sie sich ein kurze Zeit patientiren, was ihnen aber nur besto mehr Begierd verursacht, stettigs aufzuschauen, sonderlich wann entzwischen der Mezetino und Scapino, doch ohngesehen ihrer Personen, einander umbjagen. ... Endlich (beim Schall der Hörpauken und Trompeten) fällt der Vorhang augenblicklich herunter*): Da präsentirt sich das so heroische prospektivische Gebäu der Sciena di Comedia, zugleich aber spazirt auch schon der Prologant, als der vorderste Comediant, auf der Brucken hin und wieder ... auf diese Manier so wird die Comedia mit ihren actibus fortan continuirt."

Die weiteren Beschreibungen, welche Furtenbach von den zauberhaften Wirkungen der Scene macht, beziehen sich entweder auf die mit Ballett und Zaubereien ausgestattete Oper oder — wie oben bei Erwähnung des Mezetino und Scapino — auf die Commedia del arte mit den bekannten Maskencharakteren. Sehr sinnreich ist die Konstruktion der Kulissen auf der nach hinten zu etwas aufsteigenden und

---

*) Das heißt: er wird in die vor der Bühne befindliche Vertiefung („Graben") herabgelassen.

perspektivisch sich verengenden Bühne. Die auf jeder Seite befindlichen fünf Kulissen bestanden aus dreiseitigen Lattengerüsten, die sich um eine senkrecht stehende hohe Kurbel drehten, wodurch auf die leichteste Weise die Seitendekorationen verwandelt werden konnten. Da jene prismatischen Gerüste zwei gleichbreite Flächen und eine schmale Fläche hatten, und da der Drehpunkt an der Achse abwechselnd im rechten und dann im spitzen Winkel sich befand, so konnten durch die geschickten Stellungen zwischen den Kulissen zugleich Gassen gebildet werden, welche den Durchblick hinter die Kulissen verhinderten und eine geschlossene Vollständigkeit bewirkten, welche besonders den Straßendekorationen sehr zu statten kam. Es ist wohl anzunehmen, daß man auch bei uns, in der ersten Zeit der Prunkoper, jene sinnreiche Konstruktion eingeführt hat und erst später die Schiebekulissen anwendete, welche an Ständern in den Einschnitten des Podiums vor- und rückwärts zu schieben sind.

In einem seiner späteren Werke („Mannhafter Kunstspiegel", 1663) gibt Furtenbach auch schon eine genaue, durch Kupferstiche erläuterte Anweisung, wie man ein gutes Maschinentheater erbauen müsse, wobei er wieder die geschilderten italienischen Einrichtungen als Muster nimmt. Es sei daraus hier besonders bemerkt, daß das Theater bereits für Beleuchtung mit Oellampen eingerichtet sein sollte, und u. a. auch Versenkungen hatte.

Schon im Anfange des 17. Jahrhunderts hatten die italienischen Dekorations- und Maschinenkünste auch das französische Theater für einige Zeit erobert. In Deutschland konnte das erst später geschehen. Das Schauspiel jener Zeit war nicht in der Verfassung, um in so anstänbigem, ja prunkvollem Gewande zu erscheinen. Die Oper war allerdings schon 1627 durch Opitz und den Kapellmeister Schütz in Dresden eingeführt, was bekanntlich durch die Oper „Daphne", nach dem Italienischen des Rinuccini, geschah. Eine weitere Ausbreitung jedoch sollte das neue Genre erst nach der Mitte des Jahrhunderts finden und damit zugleich auch die ersten ordentlichen Theatergebäude, d. h. Opernhäuser, ins Dasein rufen. Die tragische Muse hatte keinen Anlaß, sich dafür zu bedanken. Nachdem das Schauspiel noch lange Zeit in seiner Niedrigkeit fortbestand oder mit dem von der Oper erborgten Prunk sich aufzuhelfen suchte, konnte es endlich erst in einer neuen Wiedergeburt seine letzte Phase beginnen.

Martin Opitz hatte zwar durch seine Uebersetzung der italienischen Oper „Daphne" 1627 an der Einführung der Oper in Deutschland mitgewirkt, aber er ist darum nicht verantwortlich zu machen für den Unfug, welcher einige Zeit später mit der aus Musik, Dichtung, Ballett und Maschinenkünsten bestehenden Mischgattung getrieben wurde, deren verschiedene Bezeichnungen, wie Opera, Singespiel, singendes Schauspiel, singendes Ballett u. s. w., die Gattung kennzeichnen. Opitz selber hatte von der tragischen Kunst und dem Schauspiel eine sehr hohe Meinung. Im Vorwort zu seinem Singspiel „Judith" (1635) erklärt er, daß unter allen poetischen Gedichten nichts über das Schauspiel gehe, daß aber heutigen Tages diese herrliche Kunst „aus Nachlässigkeit und Unverstand" verloschen sei. Die gelehrten Gesellschaften, wie der Palmenorden, der Pegnesische Blumenorden u. a. m., waren am wenigsten dazu berufen, der dramatischen Dichtung und Kunst wieder aufzuhelfen, da ihre Dichter auch nicht die geringste Fühlung mit dem praktischen Theater hatten.

Viel mehr als bei allen übrigen war das der Fall bei Johann Rist, dessen kurz vor Beendigung des Dreißigjährigen Krieges geschriebenes „Friedewünschendes Deutschland" in Hamburg durch die meist aus Studenten bestehende herumziehende Gesellschaft des Schauspielunternehmers Gärtner aus Königsberg 1647 „auf offenem Schauplatz" aufgeführt wurde und daselbst ungeheuren Zulauf hatte. Trotz der mit den ausschweifendsten Allegorien überladenen Dichtung hatte Rist doch viel Sinn für das Volkstümliche und Theatralische. Für uns haben seine Schauspiele auch noch besonders den Wert, daß wir daraus einiges über die Bühneneinrichtung kennen lernen. Wir ersehen daraus z. B., daß die Grundzüge der englischen Bühne sich noch erhalten hatten, übrigens auch noch später fortbestanden. Es betrifft dies namentlich die Einrichtung des doppelten Schauplatzes, indem der breite Vorraum noch eine kleinere Mittelbühne hatte, welche durch einen Vorhang zu schließen und bei Veränderung der Scene wieder zu öffnen war. Jene Mittelbühne wurde als der „innere Schauplatz" bezeichnet, und hatte Dekorationswechsel. In Rists „Friedewünschendem Deutschland", als bei dem Bankett das als Königin personifizierte „Deutschland" entschlummert ist, wird vorgeschrieben, daß die Kavaliere von ihr „heraustreten"; dann wird der innere Schauplatz, wo die Königin ruht, geschlossen, und die Kavaliere bleiben auf der äußeren Bühne, wo dann die nächste Scene folgt. In den „Zwischenspielen" des genannten Stückes wurde aber jene kleinere Mittelbühne, oder der „innere Schauplatz", zu Tableaus, lebenden

Bildern und kleinen Nebenhandlungen benutzt. In solchen Momenten heißt es an der betreffenden Stelle: „Der Schauplatz öffnet sich, man sieht" u. s. w. Im übrigen aber hatte Rist zu seinen Schauspielen für äußeren Pomp und allerlei Spektakel alles mögliche gethan, auch an Feuerwerkskünsten nicht gespart, welche seit dieser Zeit immer mehr in Mode kamen, damit — gegenüber den Maschinenkünsten und dem Dekorationspomp der an den fürstlichen Höfen gepflegten „Oper" — auch im Schauspiel das Auge gereizt und befriedigt werde.

Der große Tragiker des 17. Jahrhunderts, Andreas Gryphius, steht mit seinen Dichtungen auf ganz anderem Boden. Er hatte bei seinen Tragödien in erster Reihe die Dichtung als solche im Sinne, und bezüglich ihrer theatralischen Darstellung dachte er zunächst nur an Schulaufführungen. Daß seine Tragödien auch auf öffentlichem Schauplatz dargestellt wurden, ist nur in ganz vereinzelten Fällen zu ermitteln, und es geschah dies namentlich mit seiner „Ermordeten Majestät, oder: Carolus Stuardus". Auch hier ist vom „inneren Schauplatz" die Rede, und mehrmals finden wir vorgeschrieben, daß die Personen „hinter die Tapete" zu treten haben. Gryphius — und nach ihm auch Lohenstein — hielten an der Einheit der Zeit mit pedantischer Strenge fest, und bei ersterem wird meist vorgeschrieben, in welcher Tageszeit und wie lange die Handlung währt. Aber der Schauplatz selbst wechselt dabei sehr häufig, auch während der Akte, und ist dann immer gewissenhaft angegeben. Aber auch auf gewisse Einrichtungen der älteren Mysterienbühnen kehrte Gryphius gelegentlich zurück, wenigstens muß man dies aus der Bühnenanweisung schließen, mit welcher seine „Katharina von Georgien" beginnt. Da heißt es: „Der Schauplatz liegt voll Leichenbilder, Kronen, Scepter, Schwerter ꝛc. Ueber dem Schauplatz öffnet sich der Himmel, unter dem Schauplatz die Hölle. Die Ewigkeit kommt von dem Himmel und bleibet auf dem Schauplatz stehen."

Sowie die öffentlichen Schauplätze anfänglich und auch noch in der Folge die Einrichtungen der alten Passions=bühne zum Teil übernommen hatten, so wird man aus den mancherlei hier gemachten Anführungen ersehen, daß auch die in einzelnen Gegenden im südlichen Deutschland wieder erstandene Passionsbühne sich die Einrichtungen zu nutze gemacht hatte, welche wir den englischen Komöbianten und durch sie der englischen Bühne verdankten, und die, wie man ersieht, noch längere Zeit beibehalten wurden. Es betrifft dies wiederum jene mit wechselnden Dekorationen und mit einem Vorhang versehene Mittelbühne — den so=genannten „inneren Schauplatz".

Wer in den letzten Jahrzehnten den Aufführungen im Oberammergau beigewohnt hat, wird diese treffliche Einrichtung der Scene kennen, und da sie — in dieser Verbindung des unveränderlichen Proseniums mit der De=korationsbühne im Mittelgrunde — auf die altenglische Bühne zurückweist, so glaube ich auch, daß diese scenische Einrichtung des Passionsspiels noch in jener Zeit entstanden ist, als die englischen Komöbianten, die ja bekanntlich bis nach Tirol kamen, uns mit dieser Einrichtung bekannt ge=macht hatten.

Die Wiedereinführung des Passionsspiels in Ober=ammergau stammt überdies erst aus dem Jahre 1634, und mit den im Laufe der Zeiten wiederholt vorgenommenen

Die Oberammergauer Passionsbühne in der neuesten Einrichtung.

Textverbesserungen werden auch die scenischen Einrichtungen immer mehr vervollkommnet sein. So ist der Bau mit den an jeder Seite der Mittelbühne anschließenden beiden Häusern und den daran grenzenden beiden offenen Thoren, durch welche man in die Straßen von Jerusalem sieht, jedenfalls erst eine Zuthat aus späterer Zeit. Im wesentlichen hat die gegenwärtige Oberammergauer Bühne mit den ältesten Schauplätzen für die Passionsspiele kaum etwas gemein. Die beigefügte Abbildung zeigt die Bühne in ihrer allerneuesten Einrichtung, welche aber nur in einigen das Proscenium betreffenden Nebendingen von der bis dahin bestehenden Einrichtnng abweicht.

In Mitteldeutschland sehen wir auch bei dem trefflichen Christian Weise in Zittau († 1708) noch die Einflüsse der englischen Komödianten fortbestehen, wie wir aus seinen zahlreichen Schulkomödien erkennen, indem auch hier noch von dem äußeren und inneren Schauplatz die Rede ist. In den Schulen Sachsens wurden Weises Stücke sehr viel aufgeführt, aber das öffentliche Volksschauspiel hatte von dieser so gesunden Kost nichts zu profitieren gewußt. Weise selber klagt auch einmal darüber, daß die Welt „sich in Opern und andere theatralische Dinge verliebt habe", die der Jugend zu keinem Nutzen gereichten, indem bei der Musik und den Dekorationskünsten das Publikum wenig auf den Sinn der Handlung achte.

So sollte es auch noch lange Zeit bleiben, und das Schauspiel blieb neben dem immer mehr zunehmenden Prunk der Opern oder singenden Schauspiele und Ballette das Aschenbrödel. Während schon in mehreren Städten eigene Opernhäuser erbaut waren — die hervorragendsten in Dresden

1667, in Hamburg 1678, in Hannover 1690 —, mußten sich die wandernden Komödianten, wenn ihnen überhaupt ein wirkliches Gebäude gestattet wurde und sie nicht ihre elende Bretterbude errichteten, in den dazu besonders gesuchten Fecht- und Ballsälen einrichten, wie sie allenthalben in verschiedenen deutschen Gegenden bestanden. Das „Ballhaus", das so häufig bei theatralischen Vorstellungen erwähnt wird, war eine große einheitliche Halle, welche zum Ballspiel bestimmt war und zur Errichtung einer Bühne sich sehr wohl eignete. Die Komödiantenbanden hatten es schon als eine besondere Vergünstigung zu betrachten, wenn ihnen von der städtischen Behörde ein Saal im Rathause angewiesen wurde, wie solches wiederholt in Berlin geschah.

Barthold Feind (in seinen „Gedanken von der Opera", 1708) nannte von den damals bestehenden Theatern „das Leipziger das pouvreste, das hamburgische das weitläufigste, das braunschweigische das vollkommenste, und das hannoversche das schönste." München hatte schon 1658 ein Opernhaus erhalten, das aber nicht bedeutend gewesen zu sein scheint. In Nürnberg war, wie früher schon berichtet, 1667 ein Opernhaus erbaut, aber trotzdem fanden die Schauspielvorstellungen der reisenden Gesellschaften noch lange Zeit, selbst noch bis zu den Zeiten der Neuberin, auf dem offenen Schauplatz des „Fechthauses" statt. In Wien war zwar schon 1626 auf der Burg ein Theater errichtet, aber nur für den Hof; noch in der zweiten Hälfte des 17. Jahrhunderts wurde auch in Wien in einem „Ballhause" Komödie gespielt, bis erst 1712 die deutschen Schauspieler Besitz von einem nächst dem Kärntnerthor erbauten Theatersaal nahmen.

Wir werden eine lange Reihe von Jahren zu überspringen haben, um zu dem Zeitpunkte zu gelangen, da auch das Schauspiel begann, sich als Kunstgattung geltend zu machen und sich anständige und gesicherte Stätten zu suchen.

Es wird das unvergängliche Verdienst des vielgeschmähten Gottscheb bleiben, daß er in Leipzig — im Bündnisse mit dem Neuberschen Ehepaar — seine Reform damit begann, daß er mit pedantischer, aber für die Verhältnisse notwendiger Strenge den Boden erst reinigte, damit die wirkliche dramatische Dichtung auch wieder auf die Bretter komme, wo seit einem halben Jahrhundert die erbärmlichen Staatsaktionen und niedrigen Hanswurstiaden die unumschränkte Herrschaft hatten. Aber auch hierbei werden wir den Blick nicht auf die dramatische Dichtung, sondern auf die Bretter selbst richten, um so mehr, als Gottscheb auch die Verbesserung der Bühne und des praktischen Theaters überhaupt sich aufs eifrigste angelegen sein ließ. Leipzig darf mit vollem Recht als die Wiege des neueren Theaters betrachtet werden. Bald nachdem Gottscheb nach Leipzig gekommen war (1724), geschah es zum erstenmal, daß mit der Auswahl der Stücke und mit der ernsten Arbeit, die man darauf verwendete, das Theater sich an die gebildeten Kreise des Publikums richtete. Nachdem man mit dieser Reform des Theaters schon zu erfreulichen Resultaten gekommen war, mußte man aber darauf denken, der gesäuberten Schauspielkunst auch angemessenere Behausungen zu schaffen, als sie bisher gehabt. Von einem Eindringen in die bereits bestehenden Opernhäuser konnte noch keine Rede sein. Abgesehen davon, daß das Schauspiel den Prunk der

Oper verschmähte und verschmähen mußte, hätte es jetzt auch noch nirgends Einlaß gefunden. Daß es später geschah, war gerade nicht zu seinem Vorteil. Aber mit den Lokalen, welche jetzt dem Schauspiel zur Verfügung standen, sah es allenthalben noch erbärmlich aus. In Hannover, wo bereits ein großes Opernhaus bestand, wurde den wandernden Schauspielertruppen ein Saal im Rathause angewiesen; ebenso in Berlin, wo 1742 Schönemann die ersten Versuche machte, statt mit Hanswurstiaden und akrobatischen Künsten das Publikum mit „regelmäßigen" Schauspielen zu gewinnen. In Wien wurde das an der Burg gelegene Hofballhaus auf Bestimmung der Kaiserin für Oper „und Komödien" hergerichtet. In Hamburg mußte das Schauspiel sich noch mit einer Bretterbude in der „Fuhlenwiete" begnügen, und selbst die schon berühmt gewordene Neubersche Gesellschaft spielte hier bei ihren Gastreisen. Mannheim hatte 1742 ein Schloßtheater für Oper und französische Komödie, aber die deutschen Komödianten wurden in dem Rentamtssaale des Kaufhauses einquartiert, und noch nach dem Jahre 1753 spielten sie in einer Bretterbude auf dem Fruchtmarkt. In Leipzig spielten die Truppen Haackes, dann Neubers und Kochs im Fleischhaus, dann in Quandts Hof und zuletzt im Blumenberg. Während aber in letzterem Lokal die Kochsche Truppe noch spielte, war in Quandts Hof bereits ein neues Theater erbaut worden, welches nach Gottschebs Ratschlägen eingerichtet wurde. Wie unzulänglich bis dahin auch dieses Theater gewesen, kann man am besten aus der Schilderung der Freunde desselben entnehmen. Aus Gottschebs verschiedenen Zeitschriften erfahren wir mancherlei über die Dekorationen, wie über das Kostüm, aber seine fortgesetzten Bemühungen, daß für die römischen Tragödien, deren Helden noch mit mächtigen Staatsperücken, Schnallen= schuhen und Galanteriedegen einhergingen, das römische Kostüm eingeführt werde, blieben erfolglos. Chr. Mylius bespricht einmal in einem Aufsatze „Ueber die Wahrscheinlich= keit der Vorstellung bei Schauspielen" (Beiträge zur Kriti= schen Historie ꝛc., 1743) verschiedene Mängel und Unge= hörigkeiten und kommt dabei auch auf die Mißstände zu sprechen, welche durch ungenügende Beleuchtung der Bühne entstünden. Wenn z. B. ein Tisch auf der Schaubühne stand, so mußten auch immer ein paar Lichter auf dem Tische stehen, gleichviel, ob es der Handlung nach Tag oder Nacht sein sollte. Er drang deshalb darauf, man müsse Sorge dafür tragen, daß die Beleuchtung der Bühne in anderer Weise verbessert werde. Aber bei der schlechten Verfassung, in welcher die Theaterlokale überhaupt zur Zeit sich befanden, waren solche Uebelstände schwer abzustellen. Als nun Ende der vierziger Jahre der Theaterdirektor Koch noch im Blumenberg spielte, hatte Gottscheb mit Hilfe ver= schiedener Gönner des Theaters es durchgesetzt, daß unter= dessen das Theater in Quandts Hof ganz neu erbaut wurde. Gottscheb selbst, in seiner Zeitschrift „Das Neueste aus der anmutigen Gelehrsamkeit", 1. Bd., 1751, berichtet darüber, daß dieses Theater in einer ganz anderen Art erbaut sei, „als alle heutigen Schaubühnen in Deutschland und Frankreich". Es hätten sich nämlich die Bauherren, welche „einen hiesigen Gelehrten" darüber zu Rate gezogen, bestimmen lassen, „ihren Schauplatz einigermaßen nach dem Muster der alten Griechen und Römer einzurichten". Bis dahin, sagt Gottscheb, seien alle Schauplätze, auch die kost=

spieligsten an fürstlichen Höfen, länglich gewesen, so daß die
Logen, je näher sie der Bühne kamen, um so schiefer standen,
und daher unzweckmäßig zum Hören und Sehen waren,
während die gegenüber der Bühne befindlichen Logen wieder
zu weit von derselben entfernt waren. In dem neuen Hause
sei nun, nach dem Muster der Alten, das Auditorium in
der Form eines Halbkreises gezogen, so daß dadurch alle
Zuschauer von dem Mittelpunkt der Bühne gleich entfernt
wären. Das Theater hatte zwei Logenreihen übereinander,
jede Reihe neun Logen enthaltend. Allerdings, sagt Gott=
sched, sei der Schauplatz nur klein, da er aus Privatmitteln
erbaut worden. Große Herren würden nach diesem Vor=
bild etwas viel Prächtigeres und Bequemeres schaffen können.

Die vorstehenden Mitteilungen beziehen sich allerdings
nur auf den Zuschauerraum, aber die dabei zur Geltung
gebrachten Grundsätze haben doch auch für die von der
Bühne aus zu empfangenden Eindrücke Wichtigkeit, und sie
sind später wieder von der Mehrzahl der Theater zum
Nachteil der dramatischen Kunst aufgegeben worden. Wie
es nun mit der Einrichtung der Bühne selbst beschaffen
war, das können wir sowohl aus den schon angeführten
kritischen Nachrichten, als auch aus den aufgeführten Stücken
entnehmen. Gottsched hatte die französischen Klassiker ein=
geführt, zunächst aber nur als Remedien gegen die kunst=
losen Formen der erbärmlichen Staatsaktionen und gegen
die Herrschaft des Hanswurst. Sonst war er kein so un=
bedingt williger Nachahmer der Franzosen, und sowohl mit
seinem „Nötigen Vorrat", wie auch mit der Herausgabe
seiner „Deutschen Schaubühne" hatte er bewiesen, daß ihm
die Förderung gerade der deutschen dramatischen Dichtung

am Herzen lag. Aber die Einheitsregeln von Zeit und Ort hatte er von den Franzosen nicht nur acceptiert, sondern er ging darin mit pedantischer Strenge noch weiter als jene. Denn nach seiner Meinung sollte es in einer „regelmäßigen" Tragödie nicht erlaubt sein, den Schauplatz während eines Stückes zu ändern; denn, meinte er, da die Zuschauer auf einer Stelle sitzen bleiben, so müßten auch die spielenden Personen, ohne den Ort zu ändern, ihre Aktion haben. Man kann schon danach ermessen, welchen Abscheu der sonst so verdienstvolle, aber phantasie- und poesielose Mann und trockene Pedant vor den Schöpfungen eines Shakespeare haben mußte. Man kann aber danach auch beurteilen, wie das von den Franzosen und von deren deutschen Nachahmern beherrschte Schauspielrepertoire jener Zeit sich mit der einfachsten Scenerie begnügen konnte. Die so lange bestandene Einrichtung des äußeren und inneren Schauplatzes (oder der Vor- und Hinterbühne) hatte schon ganz aufgehört. Die Dekorationen sollten dem Charakter des betreffenden Stückes und der Scene angemessen sein, aber Verwandlungen des Schauplatzes während des Aktes wurden nicht erfordert.

Erst mehrere Jahrzehnte nach jener ersten Epoche des reformierten Theaters trat der Widerspruch zwischen der dramatischen Dichtung und der bestehenden Bühneneinrichtung immer schärfer hervor, einesteils durch die Vervollkommnung der dekorativen Mittel, andernteils auch durch die veränderten dramatischen Formen der Dichtung selbst. Die Einführung der Shakespeareschen Dramen in Deutschland, und ebenso die Anfänge unserer klassischen Epoche — seit Goethes „Götz von Berlichingen" und seit den Jugendwerken Schillers — hätten in der That schon ein ganz anderes scenisches Theater nötig gehabt, als es das damals bestehende war. Die dramatischen Dichter schrieben nicht mehr, wie die französischen Klassiker, nach den mißverstandenen Einheitsregeln des Aristoteles, sondern sie ließen ihrem poetischen Genius immer mehr Freiheiten; aber die Bühne blieb trotzdem dieselbe, und anstatt auf eine sinnreichere Einrichtung derselben bedacht zu sein, begann man vielmehr, die Schwierigkeiten zu häufen und sie immer mehr mit Dekorationen zu überladen. Sehr bezeichnend dafür ist schon eine von Schiller selbst herrührende Aeußerung über die erste Aufführung seiner „Räuber" in Mannheim (13. Jan. 1782). In einer Nachschrift zu seiner anonymen Kritik über die Aufführung, im Württembergischen Repertorium der Litteratur, bemerkte er u. a.: „Unmöglich war's, bei den fünf Akten zu bleiben: der Vorhang fiel zweimal zwischen den Scenen, damit Maschinisten und Schauspieler Zeit gewännen; man spielte Zwischenakte und so entstanden sieben Aufzüge."

In der That kündete der erste Theaterzettel der Räuber das Stück als „ein Trauerspiel in sieben Handlungen" an. Der Mannheimer Intendant Freiherr v. Dalberg hatte also ganz richtig dabei empfunden, daß, wenn der Vorhang während des Stückes fiel, dies einen Aktschluß bedeuten müsse. Heute, seitdem das Fallen des unseligen Zwischenvorhanges bei Verwandlungen der Scene zur Regel geworden ist, faßt man die Sache nicht mehr so gewissenhaft auf. Man setzt auf den Zettel „in fünf Akten", und doch sind es oft zehn, ja bei Shakespeareschen Stücken, die aus einer ganz anderen Bühneneinrichtung ihre Struktur erhalten haben, sind es oft fünfzehn Akte.

Daß man ganz gedankenlos von den Grundsätzen immer

mehr abgewichen ist, die für das Schauspiel und seine Wirkung für einzig richtig erachtet werden müssen, hat schließlich auch gar nicht mehr die Einsicht aufkommen lassen, daß es bezüglich der Wirkung zwischen Bühne und Publikum ein großer Unterschied ist, ob diese Wirkung durch das recitierende Drama oder durch das musikalische erreicht werden soll. Der Unterschied besteht aber darin, daß das gesprochene Wort viel dringender des genauesten und vollsten Verständnisses bedarf, als das gesungene, als die Musik überhaupt, welche in der Fülle der Harmonien sich an das Gefühl wendet.

Die Opernhäuser aber, denen wir die ersten anständigen Theater zu verdanken haben, sind in unverständiger Verwechselung der Gattungen auch zu Schauspielhäusern geworden. Die sinnreichen Einrichtungen, die wir für das Schauspiel einst von den Engländern empfangen hatten, sind uns gänzlich verloren gegangen, nicht nur bei uns in Deutschland, sondern allenthalben, und am meisten in England selbst, wo die dramatische Kunst schon längst unter dem Firlefanz von Dekorations-, Maschinen- und Beleuchtungseffekten, in Panoramen- oder Cirkusausstattungen untergegangen ist, so daß ein unbedeutender Schauspieler wie Hr. Irving als Genie verkündet wird, und ganz besonders wenn er ein Shakespeare'sches Drama oder Goethes Faust durch Dekorationskünste zu einem Zauber- und Puppenspiel herabwürdigt.

Ein Hauptschaden unserer modernen Theater liegt, im Zusammenhange mit jenen Verirrungen, besonders darin, daß auch fürs Schauspiel, nach dem Muster der Opernhäuser, die Bühne vom Zuschauerraum scharf getrennt worden ist durch das dazwischen liegende Orchester, durch ein unbenutztes

Proscenium u. s. w., so daß allerdings der Opernguder viel wichtiger geworden ist als das Ohr. Unser heutiges Publikum nimmt von solchen Uebelständen nichts wahr, weil sie ihm zur Gewohnheit geworden sind, aber die schädigenden Wirkungen machen sich fürs Schauspiel darum doch fühlbar, auch wenn man die Ursachen nicht erkennt. Eine Abstellung aller solchen Mißstände könnte nur unter der Voraussetzung stattfinden, daß man in der scenischen Einrichtung der Theater wieder einen Unterschied zwischen Schauspiel und Oper, zwischen Recitation und Gesang zu machen weiß.

Die Natürlichkeit und die historische Treue in den theatralischen Vorstellungen.

Die „Wahrheit" in der Kunst, nach den Erfahrungen in der Wirklichkeit bemessen, bedeutet etwas anderes, als die Wahrheit im Leben. Es ist dies nichts Neues, aber wir müssen von dieser unanfechtbaren Ueberzeugung ausgehen, um über das Wesen jener Richtung in der theatralischen Kunst uns klar zu werden, welcher hier einige Betrachtungen gewidmet sein sollen.

Wenn in den theatralischen Darstellungen der Gegenwart die künstlerische Wahrheit so vielfach durch das Streben nach „Natürlichkeit" in eine unkünstlerische Richtung verkehrt wird, so hängt dieser Irrtum auch mit jenem anderen zusammen, den wir in der prosaischen Auffassung der sogenannten „historischen Treue" erkennen müssen. Man ist im Laufe der Zeiten dabei in der Vermehrung und Vervollkommnung der für die theatralische Kunst zu verwendenden scenischen Hilfsmittel so fortgeschritten, daß der Schwerpunkt der Darstellungen immer entschiedener in die Aeußerlichkeiten, Dekorationen, Kostüme u. s. w., verlegt worden ist. Wenn dies in neuester Zeit in ganz besonders schneller Steigerung zugenommen hat, so werden wir doch die Anfänge dieser

Richtung nicht erst innerhalb dieser letzten Periode des Theaters zu suchen haben. Sie sind vielmehr bis auf jenen Zeitpunkt zurückzuführen, da man noch in richtiger Erkenntnis dessen, was die Schauspielkunst sein und werden sollte, die äußerliche Gewandung mit dem innersten Wesen der darzustellenden Dichtung mehr in Uebereinstimmung zu bringen suchte. Von den ursprünglich ganz richtigen künstlerischen Intentionen ausgehend, ist man immer weiter und weiter gegangen, so daß die „dramatische" Kunst, unter der wir doch in erster Reihe das Zusammenwirken der dichterischen Schöpfung mit deren Verkörperung durch den Schauspieler zu verstehen haben, immer mehr von jenen Elementen zurückgedrängt worden ist, welche wir als die in beschränkterem Sinne „theatralischen" zu erkennen haben.

Alle gegen diese Richtung zu erhebenden Widersprüche werden nun freilich schon deshalb nichts ausrichten, weil die ganze Erscheinung wesentlich bedingt ist durch Verhältnisse, die wir nicht ändern können. Um es hier zunächst kurz auszusprechen: Die scenisch-theatralische Ausbildung im Schauspiel, jener ganze komplizierte Apparat, welcher der dramatischen Kunst eigentlich nur als beiläufiges Hilfsmittel dienen sollte, ist nur deshalb so stark in den Vordergrund getreten, weil das künstlerische Element, die eigentliche „dramatische" Kunst, an der das Genie des Dichters und das des reproduzierenden Schauspielers gleichmäßigen Anteil haben, die innere Kraft verloren hat, um für sich selbst zu genügen. Die Schwäche des einen Teiles hat die Stärke des anderen Teiles hervorgerufen und naturgemäß gefördert. Wenn wir hierbei zunächst an das nicht wegzuleugnende Schwinden hervorragender Genies unter den Schauspielern denken, so möchte ich gleich von vornherein einem verbreiteten Irrtum entgegentreten. Man wird es häufig hören können: die Schauspieler von heute wären nicht schlechter als die von ehedem, und es wäre äußerst fraglich, ob die in früherer Zeit so hochgerühmten Schauspieler, ein Schröder, Fleck, Eßlair, Ludwig Devrient u. s. w., den heutigen Ansprüchen des Publikums genügen würden. Nehmen wir nun an, daß dies mindestens zweifelhaft wäre, so würde dieser Einwand dennoch nichts beweisen. Wir können es unbedingt zugeben, daß in keiner Kunsterscheinung der Wert der Leistungen so sehr dem wechselnden Zeitgeschmacke unterworfen ist, wie in der dramatischen oder theatralischen Kunst. Aber eben weil wir keinen für alle Zeit gültigen Maßstab dafür haben, so müssen wir das, was uns auf theatralischem Gebiete aus der Vergangenheit als bedeutend überliefert worden ist, auch in diesem Sinne gelten lassen. Sowohl in der Dichtung und in der Musik, wie noch mehr in der Malerei lassen wir doch dem historischen Gesichtspunkte sein Recht. Wir werden also in der Schauspielkunst, die uns keine dauernden Schöpfungen hinterläßt, dazu nicht nur berechtigt, sondern auch genötigt sein.

Doch dies sollte hier nur nebenbei bemerkt sein, um dem Einwand über den fraglichen Wert der früheren Schauspielkunst zu begegnen. Thatsache ist, daß die dramatische Kunst in früheren Zeiten mit einfacheren Mitteln gewirkt hat, und wenn wir auf den ganzen langen Zeitraum ihrer stufenweisen Entwickelung zurückblicken, so werden wir belehrt, daß sie eben mit den einfachsten Mitteln auch ihre größten Triumphe gefeiert hat, während anderseits in den Zeiten des größten äußerlichen Prunkes die Schauspielkunst auf niedrigster Stufe stand, wie bei den seit der Mitte des

17. Jahrhunderts zur beinahe ausschließlichen Herrschaft gelangten musikalisch-dramatischen Mischspielen, bei denen außer Gesang und Ballett auch alle nur erdenklichen Dekorations- und Maschinenkünste die Schaulust befriedigen mußten.

Auf die Blütezeit des altenglischen Dramas, da Dekorationen überhaupt nicht existierten und das Kostüm nur in den notwendigsten und bescheidensten Andeutungen für die Charaktere und deren Stand da war, wo also die dramatischen Wirkungen ausschließlich durch das Wort des Dichters und durch die Verkörperung der dichterischen Gestalten durch den Schauspieler erreicht wurden, auf diese Zeit der idealen dramatischen Kunst brauchen wir hier nicht zurückzugehen; denn es kommt hier nur darauf an, jene Wandlungen zu kennzeichnen, welche das Theater in Deutschland durchgemacht hat, seitdem wir überhaupt eine deutsche Schauspielkunst im eigentlichen Sinne haben, d. h. seitdem wirkliche Dichter für die Verkörperung ihrer Schauspiele auch mit dem praktischen Theater in eine innigere Gemeinschaft traten. Und diese Periode unserer neueren Schauspielkunst begann bekanntlich erst gegen die Mitte des vorigen Jahrhunderts.

Die Reformen durch Gottsched in Leipzig haben für uns noch eine besondere Bedeutung dadurch, daß fast gleichzeitig mit ihnen schon die ersten Forderungen nach einem historischen Kostüm ausgesprochen wurden, daß aber vorläufig solche Forderungen noch unbefriedigt blieben, weil unter der Herrschaft des Zeitgeschmackes es geradezu als absurd angesehen wurde, in den zahlreichen Stücken antiker Stoffe auch das Kostüm der Römer und Griechen nachahmen zu wollen. Was aber die Forderung nach historischem Kostüm damals zu sagen hatte, möge man daraus ermessen, daß die römischen und anderen antiken Helden der französischen Klassiker und ihrer deutschen Nachahmer noch in dem französischen Hofkostüm jener Zeit einhergingen, in Schnallenschuhen, hohen Staatsperrücken und den Galanteriedegen an der Seite. Gottsched hatte dies schon in seiner „Kritischen Dichtkunst" (1730) als etwas Widersinniges bezeichnet. Später noch kam er wiederholt, sowohl in seiner „Deutschen Schaubühne" als auch in seinen kritischen Zeitschriften, darauf zurück, und auch seine Mitarbeiter, u. a. Mylius, unterstützten ihn in seinem Verlangen. Aber noch für lange Zeit konnte das Theater sich nicht dazu verstehen, auf solche Reformen einzugehen, und gerade Gottscheds ehemalige starke Verbündete, Karoline Neuber, widerstrebte solchen Forderungen am heftigsten, und sie ließ sich in ihrem Widerstande sogar dazu hinreißen, daß sie als Nachspiel zu einer Vorstellung einen Akt aus Gottscheds „sterbendem Cato" in römischem Kostüm darstellen ließ, gleichsam als Posse, um Gottsched damit lächerlich zu machen. So war aber der Geschmack nicht nur in Deutschland, sondern auch noch in Frankreich, denn erst 1750 wurden in Paris die ersten, aber noch vereinzelt bleibenden Versuche gemacht, Voltaires „Brutus" und Crébillons „Catilina" in römischem Kostüm zu geben. Und noch später hatte auch in England der große Garrick die Shakespeareschen Helden, einen Macbeth, Richard III. u. s. w., im Kostüm seiner Zeit gespielt, in langer, gestickter Weste und mit faltenreichem Jabot und Manschetten. Ebenso war es noch Ende der siebziger Jahre bei den ersten Shakespeare-Darstellungen in Deutschland durch Schröder, Brockmann u. a. Man mag sich heute nur schwer eine Vorstellung davon machen, daß bei alledem die ausgezeichnetsten Darsteller jener Zeit so ungeheuere Wirkung hervorbrachten. Sollten wir aber deshalb ihren künstlerischen Wert niedriger schätzen? Ich meine, im Gegenteil. Und auch beim Publikum scheint mir die künstlerische Empfänglichkeit sehr wertvoll zu sein, wenn für die Inscenierung eines Schauspieles es nur der bescheidensten Andeutungen bedurfte, und wenn ohne den ganzen so überaus kompliziert gewordenen Bühnenapparat das Wort des Dichters und das Genie des darstellenden Künstlers die stärksten Illusionen bewirkte und zu begeisterter Teilnahme hinriß.

Ich führe dies alles nicht an, um darzuthun, daß wir auf jenen früheren Standpunkt der theatralischen Kunst wieder zurückkehren müßten. Es würde dies auch dann nicht angehen, wenn wir über einen größeren Reichtum schauspielerischer Genies verfügen könnten, als wir bei der ohnedies so außerordentlich gewachsenen Zahl von Bühnen haben. Bei unserem Publikum ist das Auge durch den Reichtum in der Ausstattung und den ganzen so sehr vervollständigten scenischen Apparat ebenso verwöhnt, wie es ehemals an die Einfachheit gewöhnt war. Auch wird niemand behaupten wollen, daß die Erscheinungen auf irgend einem Kunstgebiete genau in denselben Grenzen fortbestehen müßten, welche für die Zeiten ihrer größten Entwickelung bestanden hatten. Denn unter einer solchen Voraussetzung würden wir überhaupt keine Fortentwickelung auf irgend einem künstlerischen Gebiete haben. Aber jene hitzigen Anhänger des Ausstattungsprinzips und der historischen Treue, welche von Tag zu Tag mehr in dieser Richtung von der Bühne fordern, mögen durch solche Hinweise doch daran erinnert werden, daß das übermäßige Steigern der bloßen Hilfsmittel und der neben=

sächlichen Dinge dem eigentlichen Wesen der Kunst keineswegs entsprechend ist und die künstlerischen Wirkungen nicht gesteigert hat, sondern der dramatischen Kunst nur nachteilig war.

Wie die ganze Entwickelung Berlins in neuerer Zeit sich gestaltet hat, wie gerade alle modernen Ideen und Erscheinungen auf den verschiedenen Gebieten des Lebens in dieser Stadt sogleich zum Kochen kommen, manchmal auch zum Ueberkochen, so kann es nicht wundernehmen, daß auch Berlin es wieder ist, wo die neuere Richtung des Theaters aufs mannigfaltigste zum Ausdruck kommt und gefördert wird. Der Anstoß dazu kam allerdings von außerhalb, aus der Residenz eines kleinen deutschen Herzogtums. Aber Berlin war es, wo die Meininger Gesellschaft zuerst ihr Massengastspiel begann und Sensation machte. Nachdem Berlin den Leistungen der Meininger die Approbation erteilt, konnte es bei dem seit jenem Zeitpunkte fortgesetzten Wanderleben jener Gesellschaft nicht ausbleiben, daß die Richtung auch auf andere deutsche Bühnen ihren Einfluß geltend machte. Es soll nicht geleugnet werden, daß diese ganze Art der theatralischen Vorstellungen, abgesehen von den Uebertreibungen im Dekorations- und Kostümluxus und von dem Kokettieren mit der „historischen Treue", auch manches Rühmliche enthielt, welches Nacheiferung verdiente und bei vielen Theatern auch fand. In ihrer Totalität konnte die Richtung von keinem stehenden Theater acceptiert werden; denn bei einem solchen mußten praktische Rücksichten ins Gewicht fallen, welche für die Spezialität der reisenden Truppe nicht bestanden. Verständige Bühnenleitungen haben denn auch von der Meininger Richtung sich

manches Gute angeeignet, ohne deren Irrtümer und Aus=
schweifungen zu acceptieren. Andere Theater wieder hatten
gerade umgekehrt das Gute übersehen und die bloß äußer=
liche Erscheinung nachzuahmen gesucht. Am stärksten mußte
der Einfluß mehr und mehr auf die Berliner Theater sich
bemerkbar machen. Das Berliner Hoftheater hat lange
widerstrebt, der modernen Richtung prunkvoller und über=
triebener Ausstattung sich anzuschließen, und mit Recht.
Eine solche Bühne darf nicht mit einzelnen unerhört luxuriös
ausgestatteten Vorstellungen Sensation machen wollen, son=
dern soll ein solides Repertoire von guten Stücken pflegen
und auf ein sorgfältiges Ensemble bedacht sein. Bei manchen
sehr berechtigten Ausstellungen gegen das Schauspiel des
Berliner Hoftheaters ist mir doch das fortgesetzte, durch das
Beispiel der Meininger hervorgerufene Verlangen nach
größerem Aufwand in den Ausstattungen der Stücke, nach
der historischen Treue und nach größerer Natürlichkeit der
darzustellenden Vorgänge stets sehr bedenklich erschienen.
Seit ein paar Jahren hat das Hoftheater dieser Zeit=
strömung ebenfalls Rechnung getragen. Es hat mit den
neuen luxuriösen Ausstattungen einzelner klassischer Stücke,
in „historisch" treuen Dekorationen und Kostümen, die
Meininger weit überboten und damit natürlich auch die
Ansprüche an die glänzendste Ausstattung anderer Stücke
gesteigert. Wer einmal den Neigungen der großen Menge
schmeichelt, und zwar mit Hintansetzung besserer Einsichten
und reinerer Kunstanschauungen, der macht sich zum Diener
dieser Menge und wird ihr gehorchen müssen. Das Theater
im allgemeinen ist nun freilich ein Institut, welches vom
Publikum und dem herrschenden Tagesgeschmack vielfach ab=

hängig ist, und das Theater kann deshalb in viel höherem Maße, als ein anderes öffentliches Institut, als der Ausdruck des herrschenden Geschmackes, der Neigungen wie des Bildungsgrades der Menge bezeichnet werden. Dennoch wird man auf diesem wie auf jedem anderen Gebiete den Geschmack des Publikums leiten können. Das Theater ist keine Bildungsanstalt im engeren Sinne, sondern in erster Reihe ein Vergnügungsinstitut. Aber das eine schließt ja das andere keineswegs aus, und je mehr die Privattheater durch das Interesse am Erwerb dazu sich gedrängt fühlen, den schlechteren und der „Kunst" schädlichen Neigungen des Publikums Rechnung zu tragen, um so mehr wird es die Pflicht der Hoftheater bleiben, die rein künstlerischen Ziele im Auge zu behalten, und man wird damit auch auf den Geschmack des Publikums Einfluß erlangen, wenn der Leiter Entschlossenheit, Verständnis und Ausdauer besitzt. Selbst der große Schröder, der doch auf seine täglichen Einnahmen angewiesen war, handelte in solchem Sinne, und er hatte mehr als einmal durch seine bessere Einsicht und Beharrlichkeit den Erfolg eines Stückes durchgesetzt, wenn dasselbe bei der ersten Aufführung dem Publikum nicht munden wollte. Und als in Wien Kaiser Joseph II. sich der Reform des Theaters annahm, brachte er ähnliche Erziehungsgrundsätze in Anwendung. Als er die beim Publikum beliebten und üblich gewordenen Ballettzugaben abgeschafft hatte, und als ihm infolge dessen vorgehalten wurde, daß das Publikum zu den Vorstellungen ohne Ballett nicht käme, sagte er: „Nur so zu, sie werden schon kommen."

Das Theater der neueren Zeit ist durch die so bedeutend veränderten Mittel, mit denen es wirkt, auch in seinem innersten Wesen ein anderes geworden, als es ehedem war. In mancher Hinsicht ist es ganz ohne Zweifel fortgeschritten, und zwar auf Grund der allgemeiner verbreiteten Bildung. Die schon in der früheren Geschichte des Theaters so oft vorkommenden Klagen bezogen sich überwiegend auf das rein schauspielerische Element, weil man mehr die einzelnen Leistungen beurteilte und noch nicht auf das Zusammenwirken der verschiedenen Faktoren Gewicht legte. In dieser letzteren Beziehung, hinsichtlich des Zusammenwirkens aller Teile, hat das Theater ganz entschiedene Fortschritte gemacht. Der einzelne Schauspieler tritt nicht mehr unangemessen aus dem Ensemble hervor, in der Umgebung des Darstellers auf der Scene werden Nebendinge, auf welche man ehedem gar kein Gewicht legte, mit Sorgfalt behandelt, um den Eindruck der Wahrheit zu unterstützen, und auch in dem schauspielerischen Wert der Leistungen einzelner herrscht gegenwärtig sicher eine größere Gleichmäßigkeit und Uebereinstimmung, als es früher der Fall war. Dagegen ist anderseits in der Schauspielkunst an die Stelle der früheren künstlerischen Individualitäten und der unmittelbar aus der künstlerischen Inspiration hervorgehenden Wirkungen eine allgemeine und weiter verbreitete Mittelmäßigkeit getreten, und in der scenischen Veranschaulichung der Vorgänge sind die zu Gunsten größerer Naturwahrheit allmählich gemachten Fortschritte zu einem geistlosen Mechanismus ausgeartet, welcher kaum noch Anspruch machen kann, als Kunsterscheinung zu gelten. Und einen wesentlichen Anteil an diesem Rückgange von der ursprünglichen künstlerischen Bedeutung hat eben jene Richtung, welche an die Stelle der auf unsere Phantasie wirkenden künstlerischen Illusionen und der idealisierenden Kunst das Prinzip der „Natürlichkeit" gesetzt hat. Sowie das gesteigerte Streben nach „historischer Treue" den Aufwand an Dekorationen und Kostümen gefördert hat, ebenso hängt diese Richtung auch mit dem das innerste Wesen aller Kunst verletzenden Prinzip der „Natürlichkeit" ganz unmittelbar zusammen.

Sowie alle Kunstwirkungen darauf beruhen, daß die Einbildungskraft des Empfangenden das vom Künstler Gegebene ergänzt, so gilt dies in vollstem Maße von den Wirkungen der dramatischen Kunst. In der dramatischen Dichtung zunächst wird der künstlerische Eindruck durch die mitwirkende Anwendung der Symbolik erreicht, ja die ganze dramatische Form ist auf die Symbolik geradezu angewiesen. Schon die Technik des Dramas, die Behandlung von Zeit und Ort, die Sprachform und die ganze scenische Oekonomie erfordert die Hilfe der Symbolik. In der Tragödie höheren Stils wird die Versform für die Sprache gewählt; man läßt die Personen, sobald sie mit sich allein sind, zuweilen auch in Gegenwart anderer, auf der Bühne ihre innersten Empfindungen und Gedanken laut aussprechen. Eine Handlung, welche in Wirklichkeit mehrere Tage, Monate, Jahre dauert, läßt man innerhalb dreier Stunden geschehen. Ebenso wechseln wir nach dem Willen des Dichters in unserer Vorstellung die Oertlichkeit ohne jedes Bedenken mit zauberhafter Geschwindigkeit. Der dramatische Dichter hat also nicht nur das Recht, sondern er ist auch genötigt, von der mathematischen Genauigkeit des wirklichen Lebens abzusehen, indem er dieses Leben in eine poetische Sphäre zu rücken hat. Durch die symbolische Darstellung bemächtigt er sich unserer Phantasie, indem er sie zur Mitwirkung nötigt. Die siegreichste Kühnheit in dieser symbolischen Darstellung erkennen wir deshalb bei jenem Dichter, den wir als den eminent dramatischen bewundern: bei Shakespeare. Die lebhaften Farben und starken Linien, in seiner Sprache sowohl als in seinen Charakteren, sind durchaus bedingt durch seine symbolisch-dramatische Kunst: auf einem eng und bestimmt begrenzten Raume Menschen und Begebenheiten in anschaulicher Lebhaftigkeit zu schildern. Auch der Eindruck der Ueberfülle in seiner Sprache und die Riesengröße so vieler seiner Gestalten ist auf diese seine Gewalt der symbolischen Darstellung zurückzuführen.

Die Wahrscheinlichkeit eines Vorganges im Drama oder in einer Aneinanderreihung von Vorgängen ist keineswegs von der Frage abhängig, ob wir uns die vorgeführten Ereignisse genau in derselben Weise in unser wirkliches Leben versetzt denken können. Der Dramatiker hat in dieser Beziehung genug gethan, wenn er in uns den Eindruck der inneren Wahrheit erweckt, wenn er in der Symbolik der Erscheinungen das innere Wesen derselben so zum Ausdruck zu bringen weiß, daß wir von der konzentrierten Bildfläche aus die ganze Weite überblicken, aus deren zusammentreffenden Strahlen das Bild gesammelt ist.

Und was von der dramatischen Dichtung gilt, dasselbe gilt auch selbstverständlich von der Art ihrer theatralischen Darstellung, deren Aufgabe nur sein kann, dem Dichter zu folgen. Sie soll ihm nichts von seinen bestimmten Absichten unterschlagen, ihn aber auch nicht zu ergänzen suchen, wo dies über seine Absichten hinausgeht, sei es im Sinne der „Natürlichkeit", sei es in dem der historischen Treue. Wo die Darstellung dies thut, da setzt sie sich zu dem Dichter und seinem Werke in Widerspruch. Wir haben es in dieser Beziehung nicht mit bloßen ästhetischen Theorien zu thun, denn die Schädigungen, die daraus erwachsen, sind von durchaus praktischer Bedeutung.

„Das deutsche Theater befindet sich in einer Schluß=epoche, wo eine allgemeine Bildung dergestalt verbreitet ist, daß sie keinem einzelnen Orte mehr angehören, von keinem besonderen Punkte mehr ausgehen kann." So äußerte sich Goethe schon vor mehr als sechzig Jahren. Wenn er hier schon von einer „Schlußepoche" spricht, so hatte er dabei noch jenes Theater im Sinne, welches der wirklichen drama=tischen Kunst diente. Dieses Theater ist nun wirklich ein anderes geworden, und von den Ursachen, die dazu führen mußten, habe ich einiges schon berührt. Die so verbreitete „allgemeine Bildung", von welcher Goethe sprach, ist seit=dem noch viel mehr allgemein geworden. Infolge dessen hat das heutige Theater kein Publikum mehr, welches durch ein ganz besonderes Interesse für die dramatische Kunst zu=sammengeführt würde und welches dadurch sein Urteil und seine Kunstanschauungen mehr oder weniger geschult hätte. Mehr als jemals ist das Theater durch die „allgemeine", aber eben wegen ihrer Allgemeinheit auch verdünnte Bil=dung eine Abendunterhaltung geworden, an der sich alle Klassen der Gesellschaft beteiligen. Einen künstlerischen Maß=stab für die zu erwartenden Leistungen bringen in dieser Masse des großen Publikums nur wenige Einzelne mit, und da außerdem der künstlerische Kern in der heutigen theatra=lischen Unterhaltung immer kleiner geworden, die Umhüllung dagegen immer mehr gewachsen ist, so sieht man im großen Publikum das Theater als einen Zeitvertreib an, der drei

Stunden dauert und dann nichts weiter zu bedeuten hat. Auf dem Gebiete des einfachen Schauspiels, welches ein Schaugepränge nicht zuläßt, oder des guten Lustspiels wird jedes unserer größeren Theater, in Berlin, Wien, München oder Dresden, noch Vorstellungen bieten können, welche den weniger Schaulustigen als Verständnisvollen wahres Vergnügen bereiten, und auch die leichtere Ware in der Gattung des Lustspiels findet bei guter Darstellung immer noch ein zahlreiches und leicht angeregtes Publikum. Munterkeit und gefälliger Witz bei sorgfältiger und angemessener Inscenierung genügen hier, auch in den größeren Kreisen des Publikums Teilnahme und Befriedigung zu erwecken. Nur für die höhere Tragödie und das historische Drama sollen Dichtung und Darstellung nicht mehr ausreichen, und auf diesem Gebiete sollen deshalb Dekorationsmaler, Kostümiers u. s. w. erst der Vorstellung Reiz und Anziehungskraft verleihen.

Wie das Schauspiel seine ersten anständigen Häuser zunächst der Oper zu danken hatte, so ist es auch anderseits die Oper wieder, welche sowohl zu den unangemessenen Vergrößerungen der Häuser, als auch zu dem gesteigerten Ausstattungsluxus beigetragen hat. Die Oper als Kunstgattung können wir heute nicht mehr so geringschätzend beurteilen, wie es einst Gottsched in seinem Grimme gegen die ganze Gattung gethan, indem er erklärte: „Die Opera ist das ungereimteste Werk, so der menschliche Verstand jemals erfunden." Aber immerhin hat die Rivalität der Oper nicht wenig dazu beigetragen, das Schauspiel in falsche Bahnen zu leiten und vor allem den großen und komplizierten Dekorationsapparat auch auf das Schauspiel zu übertragen.

Es ist sehr charakteristisch und möge deshalb hier beiläufig angemerkt sein, daß derselbe Gottscheb, welcher zu allererst darauf brang, daß bei den Schauspielen antiker Stoffe auch das historische Kostüm einzuführen sei, die ganze bramatische Gattung mit einer jeber Phantasie ermangelnben Nüchternheit betrachtete und auch bei den Zuschauern so geringe Einbildungskraft voraussetzte, daß seine Raisonnements über das Wesen des Dramas bei uns nur die größte Heiterkeit erwecken können. Wir kommen hiebei auf die Frage der „Natürlichkeit" bei der bramatischen Vorstellung, und ich kann es mir nicht versagen, das Verkehrte und Lächerliche dieser „Natürlichkeit" gerade durch den Hinweis auf Gottschebs Forderungen zu charakterisieren. In seiner „kritischen Dichtkunst", in dem Abschnitte über das Drama, erörtert er die „Wahrscheinlichkeit" der Vorgänge und die Grundsätze, welche der bramatische Dichter babei zu beobachten habe. „Wie ist es wahrscheinlich", so fragt er, „daß man es auf der Schaubühne etlichemal Abend werden sieht, und doch selbst, ohne zu essen, zu trinken ober zu schlafen, immer auf einer Stelle sitzen bleibt?" Die besten bramatischen Fabeln, fährt er fort, dürften nicht mehr Zeit haben, wirklich zu geschehen, als sie zur Vorstellung brauchen, also 3—4 Stunden. Diese Stunden müßten aber am Tage sein und „nicht bei Nacht, weil biese zum Schlafen bestimmt ist." Merkt euch das, ihr eifrigen Verfechter der sogenannten „Natürlichkeit" in der bramatischen Darstellung. Denn zu biesen doch recht lächerlich uns erscheinenden Grundsätzen müßten wir zurückkehren, wenn wir aus den, auf die Natürlichkeit gerichteten Forderungen die letzen Konsequenzen ziehen wollten. Wo aber blieben dann alle schönen Dekorationen, Beleuchtungseffekte u. s. w., wenn wir nach den von Gottscheb verkündeten dramatischen Natürlichkeitsgrundsätzen auch die Einheit des Ortes, wie er sie verstand, mit peinlicher Gewissenhaftigkeit beobachten wollten? Die Verfechter der Natürlichkeit und der aus dieser Forderung sich ergebenden historischen Treue in der Ausstattung geraten, wie man sieht, in die bedenklichsten Widersprüche, weil sie eben vergessen, daß die Natürlichkeit in der Kunst ihre Grenzen hat, ganz abgesehen davon, daß bei der immer weitergehenden mechanischen Nachahmung der Wirklichkeit der Phantasie kein Raum mehr zur Mitwirkung gelassen ist.

Was würde der eben citierte Vertreter der nüchternen Natürlichkeit im Drama dazu sagen, wenn er auf unseren heutigen Dekorationstheatern nicht nur für die einzelnen Akte, sondern auch für die einzelnen Scenen während eines Aktes die Bühne nach dem Wechsel der Oertlichkeit sich verwandeln sähe, wie es ganz besonders bei Shakespeare so häufig erforderlich ist. Shakespeare hatte zu seiner Zeit unter diesem Uebelstande nicht zu leiden. Er selbst brauchte keine Bühnenanweisungen darüber zu machen, und die den Wechsel der Scene betreffenden Angaben in den Stücken rühren bekanntlich erst von den späteren kritischen Herausgebern her. Denn die altenglische Bühne kannte einen solchen Wechsel der Dekorationen nicht, weil die künstlerische Wirkung durch das Wort des Dichters und durch die Aktion der Schauspieler erreicht wurde. Die plastische Erscheinung und Bewegung wird im Drama allerdings vorausgesetzt, aber das gesprochene Wort soll bei alledem der gebietende Faktor bleiben. Wenn in der Zeit der größten Unvollkommenheit in der ersten Entwickelungsperiode des neueren Schauspiels, in der Zeit der mittelalterlichen Passionsspiele und Mysterien, die realistische Aeußerlichkeit das Uebergewicht hatte, wenn dadurch das Auge mehr beschäftigt wurde, als unsere durch das dichterische Wort erweckte Einbildungskraft, so können wir auch aus der weiteren Entwickelung der dramatischen Kunst erkennen, daß der äußerliche scenische Apparat immer entbehrlicher wurde, je mehr die wirkliche Kunst der dramatischen Darstellung sich hob. Dadurch, daß Shakespeare heute mit dem ganzen Aufwand der modernen Dekorationskunst insceniert wird, thut man ihm geradezu Gewalt an. Es braucht wohl nicht erst nachgewiesen zu werden, daß zu allen Zeiten der wirkliche dramatische Dichter nur unter der Vorstellung der Bühneneinrichtung seiner Zeit geschrieben hat und schreiben wird, und daß durch diese seine Vorstellung von der Bühne seiner Zeit und die ganze Komposition und scenische Struktur des Dramas bedingt ist. Das gilt ebenso von Shakespeare, wie es von den griechischen Klassikern gilt. Wenn auf der altenglischen Bühne der Shakespeareschen Zeit das Drama mit allen seinen schnell wechselnden Scenen ohne völlige Veränderung der Dekoration und ohne jedes dadurch erzeugte Hemmnis dahinrollte und die Einbildungskraft der Zuschauer dem kühnen Flug der dichterischen Phantasie willig folgte, so muß gegenwärtig der ganze schwerfällige Dekorationsapparat der Phantasie des Dichters mühselig nachzukommen suchen und bildet überall nur ein Hemmnis. Für jeden Kenner der dramatischen Struktur muß dieser Zwiespalt zwischen Dichtung und scenischer Darstellung überzeugend sein.

Nachdem nun freilich die Entwickelung des Theaters zu unserer seit lange bestehenden und ebensowohl für unsere deutschen Klassiker als für die modernen Dramatiker maß=

gebenden Dekorationsbühne geführt hat, werden wir dieselbe
so nehmen müssen, wie sie nun einmal ist. Aber man sollte
endlich die Grenze erkennen, an der man angelangt ist.
Von einzelnen Einsichtsvollen sind die hier angedeuteten
Uebelstände schon vor sehr langer Zeit empfunden worden.
Der große Architekt Schinkel, welcher die für alle Kunst=
erscheinungen ewig gültigen Gesetze auch für die dramatische
Kunst gewahrt wissen wollte, hatte schon im Jahre 1817
einen Plan für eine gründliche Veränderung der theatra=
lischen Scene entworfen. Seine treffenden und geistvollen
Auseinandersetzungen und Erläuterungen seiner Entwürfe
sind erst ganz neuerdings in einem Schriftstücke bekannt
gemacht worden, welches in den „Bayreuther Blättern"
(1887, 3. Stück) veröffentlicht ist. Schinkel wollte die mo=
derne Bühneneinrichtung vereinfachen, indem er sie der Scene
des antiken Theaters wieder mehr näherte. Mit Geist und
Scharfsinn setzte er auseinander, wie besonders die Anwen=
dung der Seitenkulissen, anstatt die beabsichtigte Natur=
wahrheit, in Darstellung der Oertlichkeit, zu erhöhen, immer
nur störend wirken muß, weil die Kulissen dem Bühnen=
raum eine widersinnige Begrenzung geben und niemals mit
dem Ganzen einen harmonischen Zusammenhang geben können.
Statt der mit dem Wechsel der Scene stets zu verändernden
Seitenkulissen wollte er die Bühne zu beiden Seiten mit
einer unveränderlichen Drapierung durch Gardinen begrenzt
haben, während das Proscenium viel weiter in das Audi=
torium vorgerückt werden sollte. Die veränderliche Deko=
ration für die bestimmte Oertlichkeit beschränkte sich nach
einem Plane auf die gemalte Gardine, welche im Hinter=
grund der Bühne dieselbe abschloß. Er machte dafür auch

den Grundsatz geltend, daß die Malerei, möge sie auch vollkommen schön und stilvoll dem Ganzen angemessen sein, gegen die dramatische Aktion bescheiden in den Hintergrund treten müsse.

Schinkels Motivierungen sind so vollkommen überzeugend, daß deren vollständige Mitteilung in genannter Zeitschrift allen empfohlen sein möge, welche für eine Reform unseres scenischen Theaters Sinn haben. Daß Schinkel bereits vor 70 Jahren mit seinem zunächst für Berlin berechneten Plan keinen Anklang fand, lag vor allem daran, daß man seine aus der Antike abgeleiteten Grundsätze mißverstand oder nicht gelten lassen mochte, weil man ja das komplizierte Dekorationswesen nicht vereinfachen, sondern eher steigern wollte und es auch gesteigert hat, wobei man die aus der modernen Bühneneinrichtung sich ergebenden Schwierigkeiten durch die immer weiter gehenden Forderungen größerer „Natürlichkeit" noch vermehrte. Dies ist namentlich geschehen, seitdem der auch bei Verwandlungen der Scene während des Aktes fallende Zwischenvorhang eingeführt ist. Dieser Vorhang verschuldet es, daß man für den Ausputz der Scene sich immer noch mehr Zeit läßt, und daß die Zerreißung eines Aktes in verschiedene Teile immer fühlbarer und dadurch dem Eindrucke der Dichtung nachteiliger wird. Oder meint man, daß es gleichgültig sei, ob ein Drama, für welches der Dichter 5 Akte bestimmt hat, durch den Zwischenvorhang in 10 bis 15 Akte geteilt, d. h. auseinandergerissen wird? Hier kommt es auf ein künstlerisches Prinzip an, dessen Verletzung die unmittelbarsten Wirkungen erzeugt. In jedem architektonisch richtig gebauten Drama bilden die Abteilungen die richtige und große Gliederung des Ganzen, und das Fallen des Vorhanges markiert uns diese Hauptabschnitte in der Handlung deutlich. Wenn uns der bei den vorgeschriebenen Aktschlüssen fallende Vorhang die Scene auf einige Minuten verhüllt, so wird damit auch dem Zuschauer in seiner geistigen Thätigkeit und Spannung eine kurze Ruhe gegönnt. Der Vorhang aber, der auch bei bloßen Veränderungen der Scene fällt, macht dieselbe Wirkung, wie der Vorhang des richtigen Zwischenakts, also eine Wirkung, die er an jener Stelle nicht machen darf, denn die verschiedenen Scenen eines Aktes können nicht ohne schwere Schädigung des unmittelbaren Eindruckes voneinander getrennt werden. Weil also während der Verhüllung der Bühne dieselbe mit allen möglichen Dekorationsstücken und Requisiten angefüllt wird, welche der größeren Natürlichkeit oder der historischen Treue dienen sollen, wird die bestimmte Struktur eines Kunstwerkes preisgegeben. Und dennoch werden dabei alle Bemühungen, welche auf Erreichung genau historischer Wahrheit und mechanisch treu kopierter Wirklichkeit gerichtet sind, namentlich wenn sich diese Bemühungen auf ganz unwichtige Nebendinge beziehen, mit dem vorwiegend symbolischen Element der Dichtung kollidieren. Eine einfache Scenerie, welche sinnreich ist, wird unter allen Umständen größeren künstlerischen Wert haben, als die durch unbeschränkte und übertriebene Entfaltung reicher Mittel gehobene Aeußerlichkeit. Wenn wir uns hinsichtlich der Dekorationen und des Kostüms nicht mit dem Notwendigen begnügen, so werden wir mit dem Streben nach historischer Genauigkeit niemals zu einem befriedigenden Resultat gelangen können. Es muß für den Eindruck eines Dramas genügen, wenn in der dekorativen Einrichtung der Bühne, im Kostüm oder in den zur Verwendung kommenden Requisiten nicht gerade auffällige Verstöße vorkommen. Dabei freilich muß die Stimmung der Dichtung selbst und das Spiel der Darsteller unsere Teilnahme so voll in Anspruch nehmen, daß wir für wirklich unwesentliche Dinge in dem ganzen scenischen Apparat keine Aufmerksamkeit übrig haben.

In der That handelt es sich hier nicht um bloße Theorien, um ästhetische Grundsätze allein, sondern um die deutlich zu Tage tretenden praktischen Wirkungen. Sind wir beim Aufgehen des Vorhangs veranlaßt, zunächst die Aufmerksamkeit auf die Dekoration zu richten und zu untersuchen, ob dieselbe in allen Teilen dem Zeitalter entspricht, ob eine große historische Lokalität auch genau wiedergegeben ist und dergl. mehr, so ist es schon von vornherein um die Illusion geschehen. Ein völlig ungestörter poetischer Eindruck, wie er uns durch die Dichtung und ihre Interpretation durch die dramatische Darstellung erweckt werden soll, ist nur dann möglich, wenn durch das, was sich uns sinnlich vorstellt, überhaupt kein Anspruch darauf erhoben wird, mit der physischen Wirklichkeit in allem übereinzustimmen. Das Nichts ist in diesem Falle immer noch vorteilhafter, als das ungenügende Etwas. Man macht zwar geltend, daß der dramatische Eindruck der Dichtung durch Dekorationen von künstlerischer Schönheit gehoben wird. Sehr wohl; aber die Dekoration muß dann eben eine dienende oder unterstützende Rolle spielen und darf nicht für sich selbst unsere Aufmerksamkeit erregen wollen und uns von der Dichtung ablenken, sonst stört sie die Illusion, anstatt sie zu verstärken. Was nun überhaupt die oft geltend gemachte Ansicht betrifft, daß nicht allein durch schöne Dekorationen, sondern auch durch die peinlich genaue Beobachtung aller nebensächlichen Dinge in der scenischen Darstellung die poetische Stimmung gefördert werde, so würde man, sofern dies wirklich der Fall ist, gewiß nichts dagegen einwenden können. Es wäre aber leicht nachzuweisen, wie oft die Stimmung durch ein zu weit gehendes Detaillieren in der Darstellung eher gestört als gefördert wird, und wie häufig die Ausstattungskünste der dichterischen Absicht geradezu entgegen sind. Ich wüßte zahlreiche Fälle herzuzählen, bei denen man in dem Streben nach der Natürlichkeit und der historischen Treue zu den lächerlichsten Unnatürlichkeiten und zu den gröbsten Verstößen gegen den historischen Sinn gelangt ist. Wo man die „Stimmung" wirklich fördern will, da sollte man vor allem innerhalb der vom Dichter selbst gegebenen Vorschriften bleiben, sonst sind solche Zuthaten ungehörige Interpolationen, und die mit der „Stimmung" und der historischen Ausstattung ganz besonders sich hervorthuenden Theater erlauben sich solche Ungehörigkeiten sogar mit einem Dichter wie Schiller, der doch unter allen großen Dramatikern sich aufs Theatralische verstand, wie irgend einer.

Die namhafteren Theater in Deutschland steuern ja keineswegs alle gleichmäßig in derselben Richtung. Und nicht für die tonangebenden und unverbesserlichen, sondern für diejenigen, welche den Verlockungen noch am meisten widerstanden haben, soll dies geschrieben sein, auf daß sie nicht von der großen Flut endlich auch sich mit fortreißen lassen. Denn wenn es in diesem fortwährenden Ueberbieten des schon Vorhandenen so weiter geht, so wird man endlich zu einer heilsamen Reaktion sich entschließen müssen, oder man wird kein Recht mehr haben, von einer vorhan=

benen bramatifchen Kunft zu reben. Es ift eine undank=
bare Aufgabe, der allgemeinen Strömung sich entgegen zu
stellen, aber in solchen Fällen ist der eine Gedanke ermu=
tigend, daß das Richtige auch wieder einmal zu seinem
Rechte kommen muß.

Die Münchener Bühnenreform.

Ende März dieses Jahres hatte der Generalintendant Freiherr v. Perfall ein Cirkular veröffentlicht, welches zunächst für die Mitglieder des Münchener Hoftheaters bestimmt war, das aber gleichzeitig auch der Tagespresse mitgetheilt wurde. Herr v. Perfall hatte an der Spitze dieses Cirkulars auf meine vorstehende, in zweiter Reihe abgedruckte, aber bereits 1887 in der Allgemeinen Zeitung erschienene Abhandlung hingewiesen, von welcher er umfängliche Auszüge wiedergab. Indem er sich mit meinen darin ausgesprochenen Grundsätzen vollständigst einverstanden erklärte, fügte er u. a. hinzu: „Da die moderne Bühne mit ihrem schweren, äußerst komplizierten Apparat und Mechanismus in einem ganz entschiedenen Gegensatz zu den Shakespeareschen Dramen steht, die ungeachtet ihrer vielfach verschlungenen und doch so klaren Komposition ohne Rücksicht auf jeden Mechanismus gedacht und geschrieben sind, so werden wir das anzustrebende Ziel nur erreichen können, wenn wir eine Bühne schaffen, welche in ihrer Einfachheit als eine gewisse Nachbildung der Shakespeareschen den Dramen dieses Dichters eine freie und uneingeschränkte Entwickelung gestattet." In diesem Sinne sollte die neue Bühneneinrichtung beschaffen sein, von der in dem Programm nur die wesentlichsten Grundzüge angedeutet wurden und welche zunächst an der Aufführung von Shakespeares „König Lear" erprobt werden sollte.

Gleich nach dem Bekanntwerden des Perfallschen Cirkulars erregte dasselbe mehr Ueberraschung und Befremden, als freudige Zustimmung. Ohne auf die ebensowohl praktische wie künstlerisch-theoretische Berechtigung einzugehen, wurde es von manchen Stimmen in der Presse von vornherein bekämpft. Man ging sogar so weit, einzig auf Grund der in dem Cirkular gemachten kurzen Angaben über die beabsichtigte Bühneneinrichtung, zu behaupten: Das Unternehmen bedeute nichts anderes, als ein „Zurückschrauben der historischen Entwickelung der Bühne um dreihundert Jahre." Wenn ein solches Mißverstehen der ganzen Tendenz des Unternehmens bei sonst respektabeln Kritikern vorkommen konnte, was sollte man da von der großen Menge jenes Publikums erwarten, dessen Geschmack an der dramatischen Kunst längst demoralisiert war? Wie wollte man auf die Zustimmung derjenigen rechnen, welche sich daran gewöhnt hatten, bei Aufführungen klassischer Meisterwerke, insbesondere Shakespeares, sich mehr an den wechselvollen Schaustellungen von Dekorationen und Kostümen zu unterhalten, als an der Dichtung? Die Dichtung kannte man ja; man ging deshalb nicht mehr ins Theater, sie zu hören, sondern um zu sehen. Wer aber nur einigermaßen einen Begriff von der dramatischen und scenischen Komposition der Schöpfungen Shakespeares hatte, der erkannte es auch an, daß die Beweggründe für die neue Bühneneinrichtung vorhanden waren, daß also der Gedanke ein vollberechtigter sei. Und auch unter denen, welche starke Zweifel gegen das gewagte „Experiment" hegten, waren doch die Besonneneren der Meinung: man müsse eben abwarten, wie das Unternehmen in der praktischen Verwirklichung sich bewähren würde. In München selbst waren die Zweifel an dem Gelingen stärker als irgendwo, weil gerade dort in neuerer Zeit durch die großartigen Inscenierungen der Wagnerschen Musikdramen und andere luxuriöse Ausstattungen das Auge in höchstem Grade verwöhnt worden war, und weil man erwartete, daß durch die geplante Vereinfachung der Bühne die malerischen Wirkungen ganz ausgeschlossen sein würden. Ja, die Münchener Schauspieler selbst waren von vornherein mit den schwersten Bedenken an ihre großen Aufgaben gegangen, und erst nach mehreren Proben auf dem ihnen so ganz neuen Spielplatz hob sich allmählich ihr Vertrauen zu der Sache.

Je größer aber die Schar der Zweifler war und je besorgter auch die prinzipiellen Anhänger des Unternehmens durch die weit verbreitete ungünstige Stimmung gemacht wurden, um so mächtiger war gleich am ersten Abend der Eindruck auf das Publikum, um so stürmischer äußerte sich die Begeisterung der Zuhörerschaft, welche von den ganz neuen Eindrücken aufs tiefste ergriffen war. Es gehörte ein großer Mut der Intendanz dazu, im Widerspruche mit allgemein verbreiteten Vorurteilen den großen Schritt zu wagen und im Kampfe mit eingewurzelten schlechten Gewohnheiten das Neue durchzusetzen. Um so schwerer wiegt bei dem erfochtenen glänzenden Siege das Verdienst der Theaterleitung, und der 1. Juni 1889, an welchem Shakespeares „König Lear" zum erstenmal auf der neu eingerichteten Bühne zur Darstellung kam, wird in der Geschichte des Münchener Hoftheaters einer der schönsten Ehrentage bleiben.

In meinen Erörterungen der verschiedenen Mißstände unserer modernen Dekorationsbühne und aller sonstigen damit in Verbindung stehenden Verirrungen hatte ich beiläufig auch auf den Plan hingewiesen, welchen der große Schinkel bereits 1817 für eine in ihren Grundbedingungen veränderte Bühneneinrichtung entworfen hatte. Die jetzt ins Leben getretene Münchener Einrichtung hat nun von dem Schinkelschen Plan zwei wesentliche Teile übernommen: das ins Orchester vorgebaute Proscenium, wie auch den Wegfall der mit der Veränderung des Schauplatzes wechselnden Seitenkulissen, an deren Stelle eine bleibende Gardinendekoration treten sollte, während allein der Prospekt im Hintergrunde dazu bestimmt war, den Wechsel des Schauplatzes anzuzeigen. Abweichend von Schinkels Plan und mehr dem altenglischen Theater der Shakespeareschen Zeit sich nähernd ist die Münchener Einrichtung dadurch, daß sie zwei Bühnenteile hat, einen vorderen, der unverändert bleibt, und einen etwas erhöhten schmäleren, welcher bereits in der ersten Kulisse der vorhandenen Bühne beginnt und durch einen Vorhang zu schließen ist.

Die Münchener Bühne hat in der Linie des Hauptvorhangs eine Breite von $13^{1}{}_{2}$ Meter und ist nach vorn, weit über die Vorhangslinie hinaus, im Halbbogen bis über die Hälfte des Orchesters weiter in das Auditorium hineingerückt. Die schon in der Tiefe der ersten Kulisse beginnende Mittelbühne hat eine Breite von 8 Metern und ist 6 Meter hoch, indem sie auch von oben durch die Gobelindekoration der Vorderbühne begrenzt ist. Auch diese kleinere Bühne hat statt der Seitenkulissen rechts und links eine feststehende Begrenzung, deren Ein- und Ausgänge, wie die der Vorderbühne, durch Gardinen geschlossen ist. Hinter diesen festen Seitenabschlüssen ist dagegen der Aufgang zu beiden Seiten frei, so daß zwischen jenen die Bühne begrenzenden Ab-

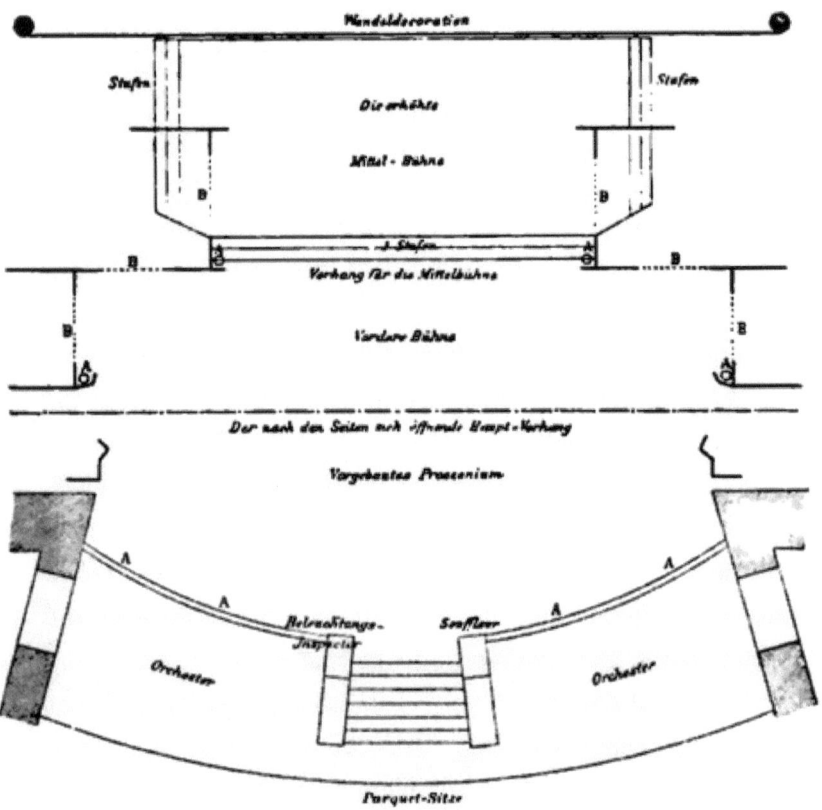

Grundriß der in München für Shakespeares Dramen neu eingerichteten Bühne.
An den mit A bezeichneten Stellen sind die Beleuchtungsapparate angebracht. Die mit B bezeichneten Stellen zeigen die mit Vorhängen versehenen Ein- und Ausgänge für die Personen des Dramas an.

schlüssen und dem gemalten Prospekt im Hintergrunde ein freier Raum von 1¹/₃ Meter bleibt. Am vordersten Rande des vorgebauten Proscenium führen sieben Stufen hinab in die Tiefe des Orchesterraums. Die ganze Vorderbühne, welche unverändert bleibt, zeigt in dem oberen Teile eine gemalte Architektur in kurzen, von Pfeilern getragenen Rundbögen. Unter den großen Gobelins zu beiden Seiten der Mittelbühne befinden sich je zwei durch Vorhänge zu verschließende Vertiefungen, welche mannigfach für die Handlung zu verwerten sind. Diese ganze Vorbühne ist in halbdunklem, unbestimmtem Farbenton gehalten und macht einen einheitlichen, ruhigen und vornehmen Eindruck.

Sobald der Vorhang der erhöhten Mittelbühne zu beiden Seiten weggezogen ist, erhält der Schauplatz reicheres Leben durch die den Abschluß bildende und meist in hellerer Beleuchtung gehaltene Dekoration im Fond. Dann sind Vorder- und Mittelbühne ein einheitliches Ganzes, denn in der Mehrzahl der Scenen treten die Personen zum Teil die drei Stufen der Mittelbühne herab, so daß die Aktion sich auch nach der Vorderbühne ausbreitet, während das erhöhte und schmälere Dekorationstheater in dieser Vereinigung mit der Vorderbühne den natürlichen Boden für die schönsten Gruppierungen gibt. In diesen zwanglos sich ergebenden Wechselbeziehungen zwischen beiden Bühnenteilen liegt der Hauptwert dieser scenischen Einrichtung. Einzig bei den wirklichen Aktschlüssen fällt der zum Teil zurückgezogene, zum Teil aufgeraffte Hauptvorhang hernieder. Sämtliche Veränderungen der Scene während der Akte werden entweder durch das Schließen des Mittelvorhangs bewirkt, so daß dann die nächste kurze Scene auf der Vorderbühne spielt, oder sie geschehen bei gänzlich offener Bühne durch den bloßen Wechsel des Prospektes im Hintergrunde. Die Tragödie Lear beginnt bei geschlossenem Vorhang der Mittelbühne mit dem Gespräch zwischen Gloster, Kent und

Edmund. Nach diesem öffnet sich die Mittelbühne und wir sehen das Innere des königlichen Palastes, wo sich nunmehr, mit Benutzung beider Bühnenteile, die ganze Scene entwickelt, in welcher die Verstoßung Corbelias (wie auf beigefügtem Bilde) vor sich geht. Vorn rechts sehen wir Cordelia und Kent, weiter zurück die beiden Schwestern; auf der linken Seite der Vorbühne: den König von Frankreich und Herzog von Burgund; Lear und sein Hofstaat bleiben auf der erhöhten Mittelbühne. Nach Beendigung dieser Scene schließt sich der Vorhang derselben und die nachfolgende Scene wird auf der Vorbühne gespielt, wonach beim Wiederöffnen des Vorhanges der Mittelbühne diese das Innere im Schlosse Glosters zeigt. Auf diese Weise schließt sich Scene an Scene an, ohne nur eine Minute Pause. Man wird diese Wohlthat ganz zu würdigen wissen, wenn man erwägt, daß der Prospekt der hinteren Bühne dreiundzwanzigmal verändert wird; und außerdem finden auf der geschlossenen Vorbühne noch mehrere kurze Zwischenscenen statt. Abgesehen von diesen Scenen auf dem neutralen Boden der vorderen Bühne wechselt die Scene durch Veränderung des gemalten Prospektes im ersten Akte viermal, im zweiten ebenso oft, im dritten fünfmal, im vierten siebenmal und im letzten Akt dreimal. Auf unserer gewöhnlichen Dekorationsbühne würde dies unerträglich sein, während hier, in der Münchener Bühneneinrichtung, alles ohne Stocken und ohne Aufenthalt von statten geht, und die riesige Tragödie ohne Weglassung oder Zusammenlegung von Scenen, in der Gestalt, wie der Dichter sie uns überliefert hat, in ihrer erschütternden Größe dahinrollt.

Diesen überwältigenden und kaum geahnten Eindruck

Die neu eingerichtete Bühne in München.
(König Ccar. 1. Aufzug. 1. Scene.)

empfand das versammelte Publikum bei der ersten Lear=
aufführung wie bei den folgenden Wiederholungen in solcher
Stärke, daß die mancherlei Bedenken und Einwände, welche
hinterher von verschiedenen Stimmen in der Presse dagegen
ausgesprochen wurden, auch für die Folge nichts an diesem
Eindruck werden abschwächen können. Ich rede hier nicht
von jenen Vereinzelten, welche das „verhöhnen, was sie nicht
verstehn"; ich rede von den ernsteren Kritikern, welche
nicht nur das Interessante des Versuchs, sondern auch die
künstlerische Bedeutung des Unternehmens anerkannt, dabei
aber ganz besonders an zweierlei Dingen Aergernis ge=
nommen haben.

Ich will hier zunächst diejenige Einrichtung erwähnen,
welche mir selbst bedenklich und störend erscheint, und welche
dabei kein notwendiges Glied des Ganzen ist. Es betrifft
die Art und Weise, wie die Veränderung des Prospektes
beim Scenenwechsel bewirkt wird. Man hat sich in München
dafür der sogenannten „Wandeldekoration" bedient. Die
gemalten Hintergardinen, welche die jedesmalige Oertlich=
keit anzuzeigen haben, werden nicht von oben herab=
gelassen und wieder aufgezogen, sondern die ganze Riesen=
dekoration ist eine einzige Leinwand, welche zwischen zwei
aufrechtstehenden Rollen beim Scenenwechsel von rechts nach
links fortbewegt wird. Dies Seitwärtsschieben der Dekoration
ist für das Auge etwas Ungewohntes und deshalb Beun=
ruhigendes; es dauert länger, als das einfache Herablassen
der Gardinen, und es lenkt stets die Aufmerksamkeit gerade
auf denjenigen Punkt hin, welcher nach der ganzen Idee
dieser Bühnenveränderung der untergeordnetere Teil sein soll.
Da zwei von den Prospekten wiederholt erscheinen müssen

(der eine ist das Gemach im Hause Glosters), so sind dieselben von der Wandeldekoration abgesondert; sie werden vor derselben herabgelassen und wieder in die Höhe gezogen, und dies wirkte jedesmal durchaus befriedigend im Gegensatze zu der langsamen Seitwärtsbewegung der Gesamtdekoration. Es ist möglich, daß diese bei der großen Menge von Prospekten gewisse technische Vorteile hat; aber trotzdem sollte man sie bei weiteren Inscenierungen entweder ganz aufgeben, oder wenigstens einschränken. Schon daß sie uns an die Maschinenkünste erinnert, hat etwas Störendes, denn sie trägt damit in die ruhige Größe des Ganzen ein feindseliges Element.

Wenn dagegen von einzelnen Stimmen in der Presse es als ein unversöhnlicher Widerspruch bezeichnet worden ist, daß überhaupt der Hintergrund uns die wechselnden Dekorationen mit den bestimmten Oertlichkeiten zeigt, während doch vorn der oben und seitwärts geschlossene Bau stets derselbe bleibt, so zeigt dieser Einwand, wenn er seinen Ursprung wirklich in einer gestörten Empfindung haben sollte, doch nur, wie sehr und seit wie langer Zeit der Zuschauer in unsern Theatern darauf geschult worden ist, keine Phantasie nötig zu haben, weil ihm ja auf der Bühne alles so „natürlich", d. h. so unkünstlerisch natürlich vorgeführt wird. Das ist die Macht der Gewohnheit, welche anderseits auch sehr viele weit unnatürlichere Dinge von der Bühne aus ruhig hinnehmen läßt. Es ist aber gesagt worden: Man gebe uns eines oder das andere, entweder unser vollständiges Dekorationstheater, oder gar keine Dekorationen, auch nicht in den Schlußprospekten; dann würde sich unsere Phantasie schon damit abfinden. Solchen

Versicherungen glaube ich nicht recht, und ich bezweifle, daß sie aus wirklicher Ueberzeugung kommen. Auch im Theater der Shakespeareschen Zeit hat es keineswegs so gänzlich an dekorativen Andeutungen gefehlt, weil ohne solche das Verständnis für die Vorgänge im Drama durchaus unmöglich ist. Wer nicht so viel Phantasie hat, die Heide sich zu denken, wenn sie nur im Prospekt der hinteren Bühne angezeigt ist, wie will dessen Phantasie bei gänzlicher Entsagung der Dekoration dem Verständnisse nachhelfen können? In Einzelheiten war die Inscenierung allerdings verfehlt. Wenn z. B. Edgar, Lear u. s. w. von der Heide nach der Hütte gehen, so war es nicht nötig, daß sie ihren Abgang vorn durch einen der Vorhänge machen; sie konnten ebenso gut nach der Mittelbühne gehen, deren Vorhang sich dann schließen mochte. Gerade daß solche Einzelheiten leicht zu verbessern sind, zeigt uns die Richtigkeit des Ganzen. Daß ein Werk, wie diese neue Bühneneinrichtung, mit welcher ein rücksichtsloser Angriff gegen schlechte, aber tief eingewurzelte und deshalb lieb gewordene Gewohnheiten des Publikums gewagt ist, Zeit zur Reife braucht, ist ganz selbstverständlich, und daß nicht alles gleich fix und fertig ohne jede Verbesserungsfähigkeit dasteht, ist begreiflich. In Anbetracht des Umstandes, daß das gesamte Personal sich auf einem ihm völlig neuen Boden bewegte, mit welchem die Darsteller sich erst allmählich vertraut machen können, ist es zu bewundern, was schon erreicht worden ist. Die liebevolle Hingabe, mit welcher der Regisseur Herr Savits, unterstützt durch den Eifer der Darsteller, das schwierige Werk zu dem schönen und in seiner Art einzigen Erfolg geführt hat, gereicht ihm wie allen Beteiligten zur Ehre.

Nicht minder ist die Geschicklichkeit des Obermaschinenmeisters Herrn Lautenschläger zu rühmen, welcher die ihm überwiesene Idee der ganzen Bühneneinrichtung in so intelligenter Weise zur Ausführung brachte.

Die beiden großen Errungenschaften, welche die neue Bühne für Shakespeare uns gebracht hat, werden uns sicher zu bleibendem Vorteile gereichen. Neben dem einen schon erörterten, welcher den leichten Scenenwechsel betrifft, der es ermöglicht, das ganze Drama in seiner einheitlichen Größe erscheinen zu lassen, ist es der andere große Vorteil des ins Publikum hineingebauten Prosceniums, mit welchem ich das erfüllt sehe, was ich am Schlusse meiner Artikel über „die Entwickelung des scenischen Theaters" sagte, indem ich hervorhob, daß das gesprochene Drama eine andere Beschaffenheit der Scene verlange, als die Oper.

So wie durch die scenische Vereinfachung die ganze Gestalt des Dramas in ihrer unverfälschten Größe und Reinheit zur Erscheinung kommt, so bewirkt das ins Publikum vorgebaute Proscenium, daß das Wort des Dichters ganz unvergleichlich mehr zur Geltung kommt, als auf der gewohnten, mit allerlei die Aufmerksamkeit ablenkenden Requisiten und Versetzstücken ausgestatteten Bühne. Der vordere Spielraum hat nichts dergleichen, und ich habe das Fehlen von Möbeln und anderem Ausstattungskram nicht einen Augenblick empfunden. Der scharfe Vorkämpfer der modernen naturalistischen Richtung (in der Berliner Voss. Ztg.) findet in der Leerheit der Vorderbühne darin einen Nachteil, daß die Schauspieler „ohne Stützpunkt" sind. Nun gut, so werden unsere Schauspieler auf dieser Bühne es lernen, ohne Stützpunkt zu spielen, und die

Kunst der dramatischen Darstellung wird dadurch nur gewinnen*).

Was die hier erwähnten, gegen die Zwiespältigkeit der Bühne erhobenen Einwände betrifft, so werden auch diese nach fortgesetzten Aufführungen, auch anderer Shakespearescher Dramen und in anderen Städten, sicher bald verstummen. Die Vorteile der Doppelbühne und des vorgerückten Prosceniums sind für das Ganze so groß und so überzeugend, daß dafür der Zuschauer wirklich einmal die kleine Gefälligkeit haben kann, sich etwas „vorzustellen", auch wenn es ihm nicht mit allen Lappen, Kulissen und Maschinenkünsten deutlich gemacht wird. In einem der vortrefflichsten und eingehendsten unter den Berichten über das Münchener Ereignis, in der Kölnischen Zeitung, trifft der Berichterstatter in seiner Erörterung hinsichtlich der Seufzer der Phantasielosen das Richtige, wenn er u. a. sagt: „Ich bin überzeugt, daß der weitaus größere Teil des halbwegs naiv empfindenden Publikums von einer wesentlichen Aenderung direkt gar nichts gemerkt hat; es kamen nur die Vorteile indirekt durch die größere Wirkung des Dramas zur Geltung. Den nörgelsüchtig angelegten Naturen, welche die Notwendigkeit des bloßen Markierens in jeder Kunst nicht zu begreifen vermögen, ist nicht zu helfen. Denn wen

---

*) Wenn derselbe geehrte Kritiker mich als des Münchener Intendanten „litterarischen Mentor" bezeichnet, so ist dies nicht ganz richtig. Ich habe kein anderes Verdienst dabei (oder — wie man's nimmt — kein anderes Verschulden), als durch meine bekannten Artikel die Anregung gegeben zu haben. Als „litterarischer Mentor" würde ich u. a. nicht die unter Ulricis Redaktion von der Shakespeare=Gesellschaft „revidierte", aber keineswegs überall verbesserte Schlegel=Tiecksche Uebersetzung empfohlen haben.

es stört, daß vorn Teppiche hängen, während hinten das Gras wächst und Epheu sich um alte Mauern rankt, den wird es füglich auch stören, daß die Bäume nur gemalt sind, daß der Mensch in Straßen auf Holzdielen herumläuft, und daß — die Bühne überhaupt nach dem Saale zu offen ist; denn der ganz realistischen Wahrheit zu genügen, dürfte der Zuschauer doch höchstens durch ein Guckloch in den geschlossenen Raum blicken dürfen."

Es ließe sich noch viel Ähnliches diesen Leuten gegenüber anführen, die z. B. sich einbilden sollen, daß vor ihnen auf der Bühne fortwährend, und oft nach weit entfernten Gegenden hin, der Schauplatz wechseln soll, während sie selbst unbegreiflicherweise auf ihrem Platze sitzen bleiben. Das hatte schon der poesielose und pedantische Vorkämpfer für die Natürlichkeit, der ehrenwerte Gottsched, allen Ernstes als durchaus unstatthaft bezeichnet, indem er in den aufzuführenden Stücken einen Wechsel des Schauplatzes nicht gelten lassen wollte. Und doch hatte er nichts dawider, daß die Personen in der höheren Tragödie in Versen sprechen, was freilich unseren heutigen Naturalisten ein Greuel ist.

Ein Bruch mit alten und tief eingewurzelten Gewohnheiten wird sich nicht so glatt, ohne Zacken und Sprünge und ohne Widerspruch vollziehen lassen. Aber von einem „Zurückschrauben der historischen Entwickelung der Bühne" wird niemand, welcher die Münchener Einrichtung aus eigener Anschauung kennen gelernt hat, im Ernste mehr sprechen können. Er müßte denn überhaupt jede Reform, im Sinne der Wiederherstellung des Reinen aus der Verderbtheit, ja er müßte auch die ganze Renaissance als einen solchen Rückschritt ansehen.

Das Theaterpublikum ist am wenigsten geneigt, sich durch das bloß theoretisch Richtige befriedigen zu lassen; bei ihm entscheidet die praktische Erscheinung in ihrer unmittelbaren Wirkung; und auch in dieser Beziehung hatte die spontane Begeisterung dem Unternehmen unbedingt recht gegeben. Mit siegreicher Gewalt wurde es dargethan, daß Shakespeare einzig nach diesen Grundsätzen auf der Bühne zum vollen Eindruck seiner Größe gelangt. Vor etwa neunzig Jahren hatte man begonnen, mit allmählicher Beseitigung der früheren Prosaübersetzungen und gleichzeitigen argen Umgestaltungen Shakespeares durch Einführung der Schlegel= schen Uebersetzungen den Dichter selbst zu Worte kommen zu lassen. Auch jene Wandelung vollzog sich nicht mit einem Schlage, denn auch damals war die Macht der Gewohnheit zu besiegen. Die neueste Periode in der Geschichte der Shakespeareschen Dramen wird von der Durchführung der ihm zukommenden neuen Bühneneinrichtung zu datieren sein. Die Schwierigkeiten der Durchführung sind nicht so groß, wie jetzt noch manche glauben mögen. Es ist keineswegs erforderlich, an Stelle der bisherigen Theater für Shake= speare allein neue Gebäude aufzuführen, denn die Um= gestaltung der Münchener Bühne ist bei all ihrer Bedeutung so einfach, daß sie an jedem Tage mit Leichtigkeit — in der Zeit von zwei Stunden — hergestellt und wieder be= seitigt werden kann.

Indem bei der Münchener Bühneneinrichtung das Prinzip der künstlerischen Einfachheit, welche ja nicht zugleich auch Dürftigkeit zu sein braucht, zum Ansehen gekommen ist, hat sie auch die bei vielen herrschende Meinung, daß das malerische Element dabei zu kurz kommen werde, glänzend widerlegt.

Aber nicht nur gegenüber dem Ausstattungs- und Natürlichkeitsunfug in theatralischen Dingen ist das Unternehmen ein Sieg der idealen und ewig künstlerischen Grundsätze gewesen, sondern auch mit Bezug auf die moderne, in der Litteratur wie in der bildenden Kunst herrschende Parteiströmung, in welcher der verschönende Beruf aller Kunst als etwas Veraltetes und Unberechtigtes verworfen und dafür die Darstellung des Häßlichen und Widerwärtigen als die eigentliche Kunstaufgabe gepriesen wird. Daß die Grundsätze der „Natürlichkeit", welche auf der Bühne ihr Wesen treiben, mit jener Litteratur- und Kunstrichtung im innersten Zusammenhange stehen, braucht hier nicht erst bewiesen zu werden.

Es muß mit Genugthuung erfüllen, daß auch der weitaus größere Teil der Presse der prinzipiellen Bedeutung des Unternehmens durchaus gerecht wurde und der tiefen Wirkung desselben zum Teil in den wärmsten Worten Ausdruck gab. Vor allem aber hat es sich gezeigt, daß auch das große Publikum noch befähigt ist, durch die reine Erhabenheit dichterischer Gebilde sich erschüttern und begeistern zu lassen. Es war nicht die Neuheit allein, es war vor allem die Reinheit der Erscheinung, welche so mächtig wirkte. Wie bald und in welcher Ausdehnung die angebahnte Reform dem deutschen Theater überhaupt zum Vorteil gereichen wird, ist für jetzt nicht abzusehen. Aber das Unternehmen der Münchener Intendanz darf als eine künstlerische That bezeichnet werden, welche nicht eine bloß episodische Erscheinung oder nur ein interessantes Experiment bleiben kann.